ESSAI
SUR
L'ART D'ÊTRE HEUREUX

PARIS. — IMP. SIMON RAÇON ET C°, RUE D'ERFURTH, 1.

JOSEPH DROZ.

ESSAI
SUR
L'ART D'ÊTRE HEUREUX

PAR

JOSEPH DROZ

DE L'ACADÉMIE FRANÇAISE
ET DE L'ACADÉMIE DES SCIENCES MORALES ET POLITIQUES

SEPTIÈME ÉDITION

ORNÉE D'UN PORTRAIT ET PRÉCÉDÉE D'UNE NOTICE

PAR M. MIGNET

Membre de l'Académie française
et Secrétaire perpétuel de l'Académie des sciences morales et politiques.

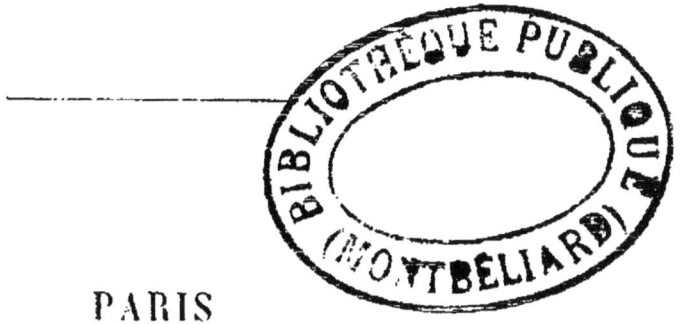

PARIS

JULES RENOUARD ET Cie, LIBRAIRES-ÉDITEURS

6, RUE DE TOURNON, 6

—

1853

AVERTISSEMENT.

Fidèle aux habitudes de toute sa vie, M. Droz, prévoyant la prochaine réimpression de l'*Essai sur l'art d'être heureux*, avait revu avec beaucoup de soin la sixième édition de cet ouvrage de sa jeunesse. C'est sur l'exemplaire corrigé de sa main que nous publions cette nouvelle édition. L'auteur se proposait de la faire précéder d'observations assez développées sur la philosophie et sur la religion; la mort est venue interrompre ce travail dont nous imprimons les fragments inachevés. On lira avec intérêt, nous n'en doutons pas, ces dernières pages inspirées par un esprit toujours ferme, mais écrites d'une main défaillante (1).

(1) La famille de l'auteur a été secondée dans les soins

M. Mignet a bien voulu nous autoriser à publier, en tête de l'*Essai*, la très-remarquable *Notice* qu'il a lue à l'Académie des sciences morales et politiques, dans la séance du 3 avril 1852. Les amis de cette belle littérature, qui rendait si doux les jours de M. Droz, partageront notre reconnaissance. Comme nous, ils seront heureux et émus d'entendre raconter avec tant de charme la vie si pure, si simple et si digne de l'homme de bien, du moraliste, de l'historien, dont M. Guizot a pu dire avec l'éloquence qui naît de la vérité :

« C'est un beau mérite et un grand honneur
« que de faire retentir d'avance, au milieu des
« orages de son propre temps, la voix des hon-
« nêtes gens de la postérité.

« Quand on a ainsi vécu sur la terre, on entre
« avec confiance dans l'éternité; mais on laisse
« derrière soi un grand vide et de longs regrets.
« La génération qui s'agite maintenant dans le
« monde avec tant d'efforts, et au sein de si pro-
« fondes ténèbres, a besoin d'avoir sous les yeux
« des caractères tels que celui de M. Droz. C'était

qu'elle a donnés à cette édition par M. Émile de Bonnechose, qui était naturellement désigné par la haute estime de M. Droz pour ses travaux littéraires, et par l'affection presque paternelle qu'il lui portait depuis plus de vingt ans.

« une âme rare, dans un état parfaitement sain.
« Il avait à la fois peu d'ambition et beaucoup
« d'espérance; point de fièvre et point d'abatte-
« ment. Il était modeste pour lui-même, exigeant
« et fier pour l'humanité. Sa mort n'est pas seu-
« lement un grand malheur pour sa famille et
« une perte douloureuse pour l'Institut; il était
« pour le pays un bel exemple moral qui lui
« manquera (1). »

A. M. — P. M.

(1) Discours prononcé aux funérailles de M. Droz, le mardi 12 novembre 1850.

NOTICE HISTORIQUE

SUR LA VIE ET LES TRAVAUX

DE M. DROZ,

PAR M. MIGNET,

SECRÉTAIRE PERPÉTUEL DE L'ACADÉMIE DES SCIENCES MORALES ET POLITIQUES.

Lue à la séance publique annuelle du 5 avril 1852.

Messieurs,

Penser en sage, agir en homme de bien, c'est le sûr moyen de vivre heureux et de laisser une mémoire honorée. Peu d'hommes, de nos jours, ont porté aussi loin que M. Droz cette maxime qui a servi de règle à sa vie et d'inspiration à ses œuvres; peu d'hommes ont poussé plus avant que lui l'étude et la pratique de la sagesse. Pendant cinquante années, il en a donné, avec non moins d'agrément que de solidité, les belles théories dans ses livres comme les exemples persuasifs dans ses actions.

Il est rare de trouver un si parfait accord entre l'écrivain et l'homme. Les nombreux ouvrages que M. Droz a composés et qui faisaient de lui un des membres nécessaires de cette Académie, puisqu'ils embrassaient presque toutes les sciences qu'elle cultive, ont eu pour objet l'instruction et l'utilité de ses semblables. Ne séparant jamais les doctrines de leurs applications, M. Droz a reconnu la vérité qu'elles contenaient au bien qu'elles pouvaient produire. Il a cherché dans l'observation de la morale un moyen de bonheur. Il a interrogé la politique sur les règles de conduite les plus propres à rendre les gouvernements stables et les peuples satisfaits. Il a tiré de l'économie politique les principes d'après lesquels le bien-être des individus et la prospérité des États s'accroissent, sans que les caractères des uns se corrompent et que les ressorts des autres s'affaiblissent. Enfin, il a demandé à l'histoire ses plus difficiles enseignements, l'art si peu connu de ménager les transitions politiques, de pourvoir aux besoins graduels des sociétés humaines pour ne pas succomber aux mouvements soudains de leurs passions, d'accomplir à propos, c'est-à-dire avec la sagacité de la prévoyance et la tempérance de la force, les réformes qui préviennent les révolutions. Moraliste attrayant, publiciste sévère, économiste mesuré, historien judicieux et quelquefois profond, M. Droz a mis au service des hommes son savoir et son talent, sa pensée et son expérience. C'est à tous ces titres, messieurs, que je vais vous entretenir de lui dans un discours qui sera grave comme son esprit, simple et tempéré comme sa vie.

François-Xavier-Joseph Droz naquit à Besançon, le 31 octobre 1773, d'une famille appartenant depuis plusieurs générations à la magistrature. Son grand-père avait été avocat du roi à Pontarlier ; son père, M. Droz de Rosel, était trésorier de France et procureur du roi au bureau des finances de la Franche-Comté. Deux de ses oncles paternels siégeaient au parlement souverain de cette province. L'aîné d'entre eux, secrétaire de l'Académie de Besançon et correspondant de l'Académie des inscriptions, n'était pas seulement un habile magistrat, c'était un écrivain distingué.

C'est au milieu de cette famille vouée à l'administration de la justice, unissant à l'amour des lois le culte des lettres, que fut élevé Joseph Droz. Il y puisa des habitudes d'austère équité et des principes d'invariable droiture. Après des études brillantes faites au collége de Besançon et complétées auprès de son père, homme aussi éclairé que bon, il se disposait à suivre le barreau pour entrer plus tard dans la magistrature ; mais la Révolution de 1789 le détourna de la carrière paternelle. Les parlements furent supprimés, et, dans le vaste bouleversement de l'ordre ancien, disparurent toutes les positions qui tenaient à son existence, se dissipèrent toutes les espérances qui reposaient sur son maintien. Le jeune Droz ne s'en affligea point. Applaudissant à une révolution qui abolissait les priviléges pour établir le droit commun, qui promettait de régler la société par la loi, d'en bannir l'arbitraire, d'y introduire l'égalité civile, d'y fonder un gouvernement juste et libre, il considéra beaucoup moins ce qu'il allait y perdre que ce que tout le monde devait y gagner, et il en embrassa les principes contre ses intérêts. La magistrature lui faisant défaut, il tourna sa pensée vers une autre carrière qu'il ne devait aussi qu'entrevoir, la diplomatie. Un de ses oncles maternels, M. de Sémonin, s'y était distingué, durant près d'un demi-siècle, dans des emplois considérables et variés. Après avoir longtemps servi dans les ambassades, devenu en 1761 le coopérateur du duc de Choiseul-Praslin en qualité de premier commis des affaires étrangères, garde des archives depuis 1772, il se trouvait en disposition comme en mesure d'être utile à son jeune parent. Mais son jeune parent fut envoyé un peu trop tard auprès de lui; il arriva à Paris le lendemain du 10 août 1792. La monarchie venait de crouler. M. de Sémonin n'était plus rien; la république séparait la France du reste de l'Europe, et partout la diplomatie allait faire place à la guerre.

M. Droz, qui a écrit plus tard : *Nos républiques sont des monarchies où le trône est vacant*, se laissa un moment séduire à cette forme politique, et son enthousiasme l'entraîna même à la frontière pour y défendre les principes de la révolution et le sol menacé de la patrie. Il partit comme volontaire dans le 12ᵉ bataillon du Doubs. Élu par ses camarades capitaine de grenadiers, il fit les campagnes de 1793 à 1796 sous Schérer et sous Desaix. Il partagea les rudes fatigues, les longues privations, les patriotiques exploits des austères et vaillantes armées de Sambre-et-Meuse et du Rhin. Il était dans ces intrépides bataillons qui chassèrent les Autrichiens de notre territoire envahi, leur enlevèrent en quelques semaines les quatre fortes places de Landrecies, le Quesnoy, Condé, Valenciennes, qu'ils avaient mis un an à prendre, les repoussèrent, après avoir emporté Mayence, jusqu'au delà du grand fleuve qui servait autrefois de limite entre la Germanie et la Gaule, et dont la victoire et les traités allaient faire pour vingt ans la frontière glorieuse de la France.

La guerre était à ses yeux un devoir tant que durait le danger public; mais elle n'était pas une vocation. Aussi, après avoir payé bravement sa dette pendant environ quatre années, il s'autorisa de sa santé chancelante pour demander et obtenir son congé, alors que la France triomphait de l'Europe et que les traités de Bâle avaient déjà diminué le nombre de ses ennemis et agrandi ses frontières. Au mois d'août 1796, il revint, à Besançon, se livrer à la culture des lettres et à la pratique de la philosophie.

Il est des temps où l'on pense sans cesser de croire. Le doute philosophique n'avait pas conduit Descartes au doute religieux, la pensée de Pascal s'était humiliée sous le joug de la foi, et le puissant esprit de Bossuet n'avait eu aucune peine à s'arrêter avec respect devant les impénétrables mystères de la révélation. Cette réserve de l'intelligence encore docile ne s'était pas transmise du dix-septième siècle au dix-huitième, qui avait porté un examen hardi sur les fondements de la croyance comme sur ceux de la société. Disciple d'une philosophie qui avait soustrait les générations nouvelles à toutes les anciennes soumissions, M. Droz, en même temps qu'il s'était épris de la liberté, avait cru à la puissance illimitée de la raison. Il avait cessé de suivre le culte de ses pères. Mais plus il en repoussait, pour me servir de ses expressions, les dogmes et les pratiques, plus il s'attachait aux principes de la morale. « Je veux, disait-il, prouver à ceux qui me jugent avec sévérité qu'un déiste peut égaler ou surpasser un chrétien dans la pratique des devoirs envers les hommes. J'aurais désiré devenir parfait, pour l'honneur de ma croyance. »

Sentant en lui une pieuse ardeur pour les hautes idées de Dieu, les belles espérances de l'immortalité, la sainteté des lois morales, il se crut en possession de la vérité pure. Il se proposa tout ensemble de la contempler et de l'appliquer. Fortifier son esprit afin de l'élever de plus en plus vers le divin auteur des choses et des êtres, en comprenant de mieux en mieux ses desseins; connaître les règles harmonieuses qu'il a données à la vie, afin de s'y conformer; se respecter constamment soi-même, éclairer les autres, être juste pour être calme, bon pour être heureux; ne se laisser entraîner ni par la cupidité, ni par l'ambition; jouir des biens faciles et réels mis par la Providence à la portée des hommes : voilà les résolutions que prit ce jeune sage, et qu'il a suivies pendant sa longue carrière.

Un événement qui dérange d'ordinaire les plans des hommes, fussent-ils les plus grands philosophes du monde, le confirma dans les siens. Il éprouva une grande passion. « Je devins, dit-il, éperdument amoureux d'une jeune personne dont les aimables qualités se peignaient sur sa figure charmante. » — Cette jeune personne était la fille du chirurgien-major de la citadelle de Besançon, la cousine germaine de trois hommes devenus depuis célèbres dans les armes, dans le droit, dans les lettres : du général Pajol, du jurisconsulte Proudhon, de l'ingénieux écrivain Charles Nodier. Mademoiselle Françoise-Blanche-Bénigne Proudhon, qu'épousa M. Droz, en suivant encore plus son inclination que le gré de ses parents, n'avait pas de fortune, mais possédait une beauté rare, une grâce exquise, beaucoup d'esprit naturel sans grande culture, et, ce qui valait encore mieux que l'esprit, une bonté parfaite, un caractère enjoué, une âme généreuse qui la rendait digne de s'unir à cet homme de bien, auquel elle apporta pour dot un attachement et une félicité qui devaient durer un demi-siècle.

Le mérite déjà reconnu de M. Droz et le vœu de l'opinion l'appelèrent alors dans la chaire des belles-lettres ouverte à l'école centrale de Besançon. Il y porta un savoir étendu, un esprit ferme, un goût délicat, un talent orné, et vit accourir autour de lui la jeunesse privée depuis longtemps de la nourriture de l'intelligence et avide de la recevoir. De ses leçons sortit, en l'an vii, un volume sur l'*Art oratoire*, où se révèle en partie M. Droz comme écrivain. Mais il déploya bientôt les qualités du publiciste dans un cours de législation générale, qu'il entreprit comme pour remplir une lacune de l'enseignement nouveau. Il s'y fit déjà le juge des philosophes du dix-huitième siècle, et ne montra pas plus de condescendance pour les écarts de l'innovation qu'ils n'en avaient eu eux-mêmes pour les préjugés de la coutume. Resté l'admirateur de l'éloquence de Rousseau, il se déclara l'adversaire de sa politique, et, à l'aide de l'histoire, il rectifia cette théorie abstraite et fausse qui avait égaré tant d'esprits, dont s'étaient autorisés tant d'excès, inconséquent retour vers l'enfance des sociétés humaines, protestation inintelligente contre les progrès du monde, condamnant les peuples à être pauvres pour être libres, leur laissant, comme on ne l'avait que trop vu, la corruption sans leur donner le bien-être, les rendant violents sans les rendre simples, et ajoutant tous les vices de l'ignorance à tous les maux de la passion. M. Droz demande, avec Montesquieu, que les lois des sociétés soient en rapport avec leurs besoins, et que l'état de chaque pays commande sa législation. Les peuples avancés doivent unir, d'après lui, les richesses matérielles, fruit du travail, aux libertés civiles, garantie de la dignité sociale, et monter successivement les degrés divers de la liberté politique, à mesure qu'ils se sont rendus capables d'y atteindre et de s'y tenir. Dans cet enseignement, M. Droz est déjà de l'école historique, sans cesser d'appartenir à l'école philosophique, empruntant à l'une son expérience, gardant de l'autre sa générosité. Il aime mieux les gouvernements mixtes, comme étant les meilleurs et les plus complets. Les gouvernements simples ne conviennent que pour soumettre ou pour détruire : dans les mains de tous ils sont l'anarchie, dans les mains d'un seul ils sont le despotisme ; ils bouleversent les peuples ou les accablent.

C'est à Paris que M. Droz avait publié, en 1799, son livre sur l'*Art oratoire*, et qu'en 1801, il avait fait imprimer, sur les *Lois relatives aux progrès de l'industrie*, un écrit dans lequel il se montrait économiste aussi savant qu'habile; c'est à Paris qu'il vint s'établir en 1803, après la suppression des écoles centrales. Les goûts de l'esprit et les conseils de l'amitié l'y attirèrent également. Dans les voyages qu'il avait coutume d'y faire chaque année, un de ses plus chers condisciples, resté jusqu'au dernier jour son excellent ami, M. Clément, qui a si longtemps et si sagement représenté le département du Doubs dans nos assemblées, lui avait fait connaître le spirituel Andrieux et le fécond Picard, avec lesquels il s'était étroitement lié. Il avait été introduit aussi dans la société philosophique d'Auteuil, dont Cabanis était le chef. Afin d'ajouter à son modeste patrimoine le fruit de son travail, il écrivit dans les journaux littéraires du temps. Toutes les œuvres de l'esprit l'attiraient; aucun art ne lui était indifférent. La musique trouvait en lui un appréciateur délicat, et il jugeait un tableau aussi finement qu'une pièce de théâtre. L'amour qu'il ressentait pour le beau, presque aussi vif que celui qui l'entraînait vers l'honnête, une sorte d'imagination qui l'aidait à pénétrer jusqu'où la raison toute seule n'aurait pu le conduire, une élévation naturelle de langage, à défaut de verve la réflexion, de promptitude la sûreté, de mouvement la chaleur, faisaient de lui un critique, sinon toujours brillant et léger, au moins toujours judicieux et noble.

Mais c'était pour exécuter d'autres travaux qu'il s'était rendu à Paris. Il y était venu avec des projets d'ouvrages sérieux; il y débuta néanmoins, en s'appuyant de l'avis de Cabanis et d'Andrieux, par la publication d'un roman. *Lina, ou les Enfants du ministre Albert*, tel fut le titre sous lequel M. Droz plaça, dans un cadre romanesque, une histoire d'amour simple et touchante qui avait récemment ému l'une des plus hautes vallées de la Suisse.

Idylle au début, drame tragique à la fin, ce petit livre fut écrit par M. Droz sous la forme épistolaire, qu'avaient mise à la mode Richardson dans *Clarisse*, Rousseau dans la *Nouvelle Héloïse*, et Goëthe dans *Werther*. Cette forme, à l'aide de laquelle on peut mêler des analyses délicates à des récits animés, placer des dissertations philosophiques à côté de tableaux passionnés, et qui permet d'être éloquent sans empêcher d'être dramatique, M. Droz l'adopta pour mieux éclairer le but moral qu'il se proposait d'atteindre. Il voulait instruire en touchant, enseigner la tempérance de l'âme en montrant le danger de ses agitations, conseiller la stricte surveillance de soi-même, en faisant voir jusqu'où entraînent ses moindres relâchements.

Après avoir cherché dans cet ouvrage à détourner des malheurs de la passion, M. Droz exposa dans un autre, de forme plus sérieuse, les douces félicités de la règle. Il fit un traité sur ce qui semble le plus rebelle à la théorie, sur le bonheur, que chacun entend et prend à sa façon. Franklin avait enseigné *l'art d'être vertueux*, M. Droz esquissa *l'art d'être heureux*. L'homme peut-il arriver au bonheur par une sage habileté ? A voir ce qu'il est, il semble difficile d'en douter ; à voir ce qu'il fait, il devient difficile de le croire. Doué d'une organisation admirable; ayant les facultés les plus variées et les sentiments les plus beaux; mis en rapport avec la nature, dont il triomphe par sa force et qu'il fait servir à ses besoins par son intelligence; formant la société si douce de la famille dans la société si rassurante de l'État; devant aux puissantes et durables associations qui agrandissent les ressources de chacun, par le concours de tous, les découvertes des siècles comme héritage, leur expérience comme direction; ayant pour animer son existence le travail, pour l'embellir l'imagination, pour la diriger la prévoyance, il se rendrait infailliblement heureux s'il restait fidèle aux conditions bien comprises de son être, s'il marchait sans lassitude et sans écart dans les voies droites de la vie.

C'est ce que M. Droz a cherché à établir. Son livre, où le bonheur n'est pas séparé de la bonne conduite, est un traité d'hygiène morale. Il y regarde la modération comme la santé de l'âme; s'il règle tout dans la nature humaine, il n'y sacrifie rien. Il ne méconnaît aucun de nos besoins, mais il ne tolère aucun de nos excès; il veut l'emploi de toutes nos forces, mais sans en permettre l'abus, et il se complaît dans tous nos sentiments pourvu qu'ils ne nous apportent pas des souffrances en devenant des passions. La raison doit être la suprême directrice de la vie. Étendre son intelligence, fortifier son caractère, chercher ses jouissances dans l'exercice bien entendu de ses facultés, ne pas dérégler ses désirs par ses imaginations, mettre ses intérêts dans ses devoirs; se marier à propos, trouver dans une femme que l'on aime le complément délicieux de son être, dans des enfants auxquels on communique des pensées sages et de vertueuses inclinations les joyeux ornements de son âge mûr et les fermes appuis de sa vieillesse, et, tout en obéissant aux plus belles lois de la nature, se procurer les plus admirables satisfactions; ajouter aux douceurs profondes de la famille les plaisirs délicats de l'amitié; agir en bon citoyen dans l'État, se comporter en homme bienveillant envers ses semblables; ne pas viser à la fortune et s'arrêter à l'aisance, ne rien donner à la vanité, car ce serait ôter au bonheur; être utile aux autres pour se contenter soi-même, sans chercher dans le bienfait la reconnaissance, et en ne demandant à l'obligeance que le mérite de rendre meilleur ; s'élever par de religieuses espérances vers Dieu, dont la providence veille sur nous ici-bas, et dont la justice nous attend là-haut ; se préparer ainsi à bien mourir en sachant bien vivre, et passer doucement dans le monde invisible, où notre félicité sera mesurée au bien que nous aurons fait sur cette terre : telle est la vraie, la noble, la charmante philosophie qu'enseigne M. Droz dans son *Essai sur l'art d'être heureux*.

Ce livre agréable et sensé ne fut pas lu pourtant sans être un peu critiqué. La théorie du bonheur qui y est exposée sembla le paradoxe qu'un esprit riant tirait d'une vie satisfaite. On reprocha à M. Droz de faire de sa propre histoire le fondement d'une science, et de donner comme une règle ce qui pouvait tout au plus être cité comme un exemple. Ses conseils parurent superflus pour les natures tempérées qui s'en passent, impuissants pour les natures passionnées qui s'en affranchissent. Il n'en est pas moins vrai que l'*Art d'être heureux*, de M. Droz, comme l'*Art d'être vertueux*, de Franklin, se plaçait au nombre des ouvrages qui, en introduisant de saines idées dans les esprits, préparent des progrès salutaires dans les mœurs.

En vrai disciple de Montaigne, M. Droz avait écrit : « Par épicuréisme, je voudrais un emploi obscur. » Ce vœu d'une sagesse un peu raffinée, qui lui était échappé dans son *Art d'être heureux*, fut bientôt exaucé. Rétablissant les contributions indirectes, que l'Assemblée constituante avait imprudemment supprimées d'après le système alors régnant des économistes physiocrates, l'empereur Napoléon en avait formé la vaste administration des droits réunis, qu'il avait confiée à l'habile et spirituel M. Français, de Nantes. Celui-ci en avait fait l'asile des lettres et le refuge des révolutions. Le poëte Parny et l'agréable compositeur Dalayrac, Collin d'Harleville, depuis longtemps célèbre par les excellentes comédies de l'*Inconstant* et du *Célibataire*, et M. Lebrun, destiné à le devenir par la tragédie si pure d'*Ulysse* et la tragédie si touchante de *Marie Stuart*, y avaient été admis, pour la plupart, à des traitements encore plus qu'à des fonctions, avec des émigrés rentrés et des révolutionnaires convertis. M. Andrieux, acquittant envers ce nouveau Mécène les dettes de la poésie et regrettant de n'être pas un nouvel Horace, disait de lui dans des vers aussi vrais que spirituels :

> Rencontre-t-il quelques nochers débiles
> Qu'ont submergés nos tempêtes civiles,
> Il les console, il leur ouvre le port,
> Sans s'informer par quel vent, quel orage,
> Ni sur quel bord chacun d'eux fit naufrage,
> Et sous ses lois les partis différents
> Sont étonnés de confondre leurs rangs.
> Ami des arts, de ceux qui les cultivent,
> Son goût les cherche et ses faveurs les suivent.
> Il fait bien mieux que protéger, il sert.
> Au vrai talent dont la noble infortune
> Souvent se cache et craint d'être importune,
> J'ai vu par lui plus d'un service offert.

C'est ainsi qu'il offrit une place auprès de lui à M. Droz, dont il aimait les ouvrages et dont il honorait le caractère. M. Droz l'accepta, et, ce qu'il pouvait se dispenser de faire, la remplit. Se partageant entre ses devoirs et ses goûts, l'administration et les lettres, il pratiquait toutes ses maximes et jouissait pleinement lui-même du bonheur qu'il avait voulu enseigner aux autres. Il vivait surtout dans l'intérieur de sa famille et le commerce de quelques amis. Les principaux, parmi ces derniers, étaient, avec Andrieux, qui unissait tant d'élévation d'âme à tant de grâce dans l'esprit, avec Picard, dont la verve intarissable portait sur le théâtre tous les travers de son temps, l'habile critique Auger ; Roger, si littéraire dans ses goûts, si cordial dans ses sentiments ; Campenon, que l'aménité de son caractère rendait aussi agréable que la douceur de son talent ; et le vénérable Ducis, chargé d'années et de respects, gardant encore la chaleur de l'imagination sous les glaces de l'âge et la modestie de la vertu dans la gloire. Tous les quinze jours, ils venaient s'asseoir à la table de M. Droz, et là, parmi d'intimes épanchements et des entretiens instructifs, ils goûtaient les charmes de l'amitié et des lettres, dans des réunions célébrées par la muse octogénaire de Ducis, qui adressait ces vers délicatement tournés à M. Droz et à son aimable compagne :

. . . .
Dieu rassembla pour vous, sous votre toit paisible,
Des trésors de raison et de grâce et d'esprit.
L'art de se rendre heureux dans vos mœurs est écrit.
Telle est la source pure où tu puisas ton livre,
Le grand art d'être heureux n'est que l'art de bien vivre.

Dans ce temps où, selon la vieille et joyeuse coutume française, beaucoup de choses sérieuses se traitaient souvent à table, il s'était formé une société littéraire appelée la *Société du déjeuner*, restée célèbre dans les souvenirs du temps par les succès de ceux qui en étaient et les épigrammes de ceux qui auraient voulu en être. Cette société, composée de dix membres s'élisant à l'unanimité des voix, et s'assemblant tour à tour chaque dimanche chez l'un d'entre eux, qui donnait à déjeuner à tous les autres, entendait la lecture de la pièce de théâtre sur le point d'être représentée, ou du livre prêt à paraître. La critique s'y exerçait avec une utile sévérité sous des formes amicales, et les ouvrages y étaient rendus plus dignes de tous par la correction éclairée de quelques-uns. Picard, Andrieux, Alexandre Duval, Arnault, Campenon, Lacretelle, Roger, Lemonley, Daru en faisaient partie, lorsque M. Droz y fut admis. Les dix associés, se critiquant entre eux, mais se défendant contre les autres, s'accordant de goût, se plaisant d'esprit, s'estimant, se louant, se poussant, furent accusés de vouloir envahir l'Institut, dont plusieurs étaient déjà membres, et dont tous devaient un jour le devenir. Aussi, plus de cinquante épigrammes fondirent sur eux, lorsque M. Campenon entra, vers cette époque, à l'Académie française. M. Droz, que son mérite devait y appeler douze ans plus tard, n'aspirait pas alors à être reçu, mais à être couronné par elle.

L'éloge de Montaigne avait été mis au concours en 1812. Quoiqu'il eût passé l'âge où l'on descend dans les lices académiques, et qu'un talent aussi mûr que le sien dût le placer plutôt parmi ceux qui décernent les couronnes que parmi ceux qui les disputent, M. Droz se crut obligé d'être le panégyriste du philosophe aimable dont il avait été le disciple. Dans l'éloge qu'il en fit avec encore plus de sensibilité que d'éclat, M. Droz le peignit en empruntant à Montaigne lui-même la grâce de ses paroles et en embellissant quelques traits de son caractère. L'Académie, qu'il avait touchée, mais que l'un de ses concurrents avait éblouie, lui accorda la première de ses couronnes après le prix réservé au brillant discours d'un jeune et grand critique, M. Villemain, qui entrait en vainqueur dans la carrière où son vaste savoir, son goût assuré, son rare esprit, devaient le faire régner en maître.

La philosophie pratique que M. Droz avait tirée de Montaigne et encore plus puisée dans lui-même parut, en 1814, lorsque les changements qui survinrent dans l'État en amenèrent dans les conditions particulières. A la chute de l'Empire, tout prêt à résigner son modeste emploi, il écrivait noblement en province à l'un de ses plus vieux amis, qui craignait démesurément de perdre sa place : « Tu as pris des fonctions publiques, tu les as remplies avec dévouement, tu n'as fait que ton devoir. Attends donc avec tout le calme d'un honnête homme, qui est là pour les autres et non pour lui. Si on te les ôte, tu dois sortir avec la dignité du sang-froid et sans avoir la tête plus haute que quand tu es entré. Il y a des positions qui méritent qu'on s'occupe des moyens d'en sortir ; mais je n'en connais guère qui vaillent la peine qu'on s'inquiète. Ce n'est pas assez de se distinguer de la foule par les qualités du cœur et par la justesse des idées, il faut encore s'en distinguer par la fermeté du caractère. — Voilà ce que j'ai le droit d'attendre et d'exiger de mon ami. »

Ce que M. Droz exigeait de son ami, qui conserva sa place, il se l'imposa à lui-même en sacrifiant la sienne. Dans les délicatesses de sa reconnaissance et les scrupules de sa dignité, il ne lui convint plus d'appartenir à une administration que cessa de diriger M. Français, de Nantes, auquel il dédia la troisième édition de l'*Art d'être heureux*, comme une protestation de son estime et un témoignage de son attachement.

Rendu entièrement à ses travaux littéraires, il acheva et fit imprimer son traité du *Beau dans les arts*, qu'il aimait avec passion. Son imagination, aussi honnête que son âme, lui représentait le beau comme le bon dans l'ordre physique, tout ainsi que le bon lui apparaissait comme le beau dans l'ordre moral. Il parle

des arts avec une exquise délicatesse, en juge
éclairé de leurs conditions, en admirateur
enthousiaste de leurs chefs-d'œuvre. Quelque
temps après, il publia un important ouvrage
sur la *Philosophie morale*. Dans ce livre, du
caractère le plus élevé, M. Droz examine, en
historien, les nombreux systèmes des grands
moralistes, apprécie les divers mobiles par
lesquels ils prétendent conduire les hommes,
et dégage dans chacun d'eux ce qui constitue
son principe et forme sa règle. N'admettant
rien d'exclusif, ni l'impulsion naturelle de l'intérêt, ni la loi abstraite du devoir, ni la pieuse
aspiration vers Dieu, ni l'affectueux désir
d'être utile aux autres, ni la noble ambition
de se perfectionner soi-même, il déclare que
toute théorie fondée sur quelques-unes de nos
facultés prises isolément est imparfaite, parce
qu'elle est incomplète, et soutient que, n'embrassant pas l'homme tout entier, elle ne saurait devenir la morale pratique du genre humain. Il combine dès lors les divers principes
d'action, dont il assigne le rang et la force, et,
réunissant les avantages de tous les systèmes
sans rencontrer les inconvénients d'aucun, il

les concilie par un éclectisme supérieur, et arrive ainsi à une sorte d'unité morale.

Ce livre est à la fois l'histoire des plus beaux efforts de la sagesse philosophique et le dépôt de ses règles les plus salutaires. M. Droz y continue les moralistes, ses prédécesseurs, en les étendant. Il marque sa place parmi les vrais philosophes. Il appartient à cette grande école de la raison libre et de la vertu éclairée qui commence à Socrate, qui se retrouve dans tous les progrès du genre humain, et dont les destinées sont immortelles. Le livre de M. Droz, aussi bien pensé que bien écrit, reçut de l'Académie française, en 1824, le grand prix, récemment fondé par M. de Montyon, pour l'ouvrage le plus utile aux mœurs. Moins d'un an après en avoir récompensé l'auteur, l'Académie française l'appela dans son sein. Il y fut admis en même temps qu'un jeune et brillant poëte, qui, lui devant la représentation des *Vêpres siciliennes*, et dès lors son premier succès au théâtre, s'était retiré respectueusement devant lui, et dont la nomination avait suivi de bien près la sienne, Casimir Delavigne, enlevé de bonne heure aux lettres, mais qui du moins a vécu assez pour sa gloire, et à qui sa ville natale, dans une solennité prochaine, s'apprête à élever une statue à côté de Bernardin de Saint-Pierre. Le jour de leur double réception, Andrieux loua, dans un discours sur la *Perfectibilité de l'homme*, et le généreux philosophe et l'éclatant poëte. Je ne saurais omettre ici ce passage alors tant applaudi qu'il adressait à M. Droz, et qu'on me saura gré, je pense, de citer tout entier :

Cher Droz, des bonnes mœurs vrai modèle et vrai maître,
Que trente ans d'amitié m'ont fait si bien connaître ;
Toi, que n'abusent point ces prétendus docteurs,
Qui, de toute lumière obstinés détracteurs,
Au char de la raison s'attelant par derrière,
Veulent à reculons l'enfoncer dans l'ornière ;
Toi qui, nous présageant un meilleur avenir,
Aimes de cet espoir à nous entretenir,
Et qui, pour animer, pour élever ton style,
Contemples le moral et recherches l'utile ;
Par d'éloquents écrits verse en nos cœurs émus
Les nobles sentiments et les douces vertus ;
Détrompe-nous surtout de l'erreur trop commune
Qui nous fait à genoux adorer la fortune ;
Par ton exemple encore instruis-nous chaque jour :
Satisfait de ton sort, sans orgueil, sans détour,
Ta vie entière enseigne, ainsi que ton ouvrage,
Que tout *l'art d'être heureux*, c'est d'être bon et sage.

M. Droz continua, en effet, le cours de ses purs enseignements. De la morale, comme d'une science en quelque sorte centrale, d'où part et où doit aboutir tout ce qui tient à la conduite humaine, il examina la marche des gouvernements et des sociétés, dans un traité qu'il publia sur l'*Application de la morale à la politique*. Ce traité, M. Droz le présente *comme*, ce sont ses paroles, *le legs d'un homme qui a vu des révolutions*. Les temps passés, avec les violences et les fraudes qui tenaient à l'agrandissement des territoires et à la formation des États, y occupent moins de place que les efforts employés de nos jours à la conquête agitée des droits, à l'organisation pénible des gouvernements. Témoin de beaucoup de fautes, contemporain de tant d'excès, ayant vu la recherche déréglée de la liberté conduire à la dictature militaire la plus absolue, les entreprises exorbitantes d'un pouvoir enivré de lui-même aboutir à la plus rapide des grandes chutes, et la conquête de l'Europe suivie de l'invasion de la France ; un peuple, emporté par ses idées et méconnaissant ses habitudes, se précipiter dans les extrémités les plus contraires, passer d'une anarchie sans limite à une soumission sans réserve, transformer la passion implacable de l'égalité en amour effréné des distinctions, briser tour à tour les diverses formes politiques qu'il avait reçues ou qu'il s'était données, ne parvenant à rendre ni la liberté possible, ni l'autorité mesurée, ni la gloire durable, et aux inconstances fréquentes de l'esprit ajoutant les promptes lassitudes du caractère, M. Droz, guidé par son expérience autant que par sa raison, offre à ce temps qui essaye de tout et à ce peuple qui ne fonde rien, le devoir comme la seule base inébranlable du droit.

La doctrine des devoirs que Puffendorf, dans un traité resté célèbre, proposait aux princes, qui la pratiquèrent assez mal, M. Droz la recommande aux nations, qui ne la suivent guère mieux. Il demande que les lois morales ne soient jamais violées par les actes politiques, il n'admet pas que l'injustice puisse jamais devenir un instrument du bien ; il veut que les changements s'opèrent dans les âmes avant de s'introduire dans les lois, et que des mœurs sévères facilitent des institutions libres. Il exige bien des vertus dans les hommes, et il n'attache pas assez d'importance aux formes politiques des États. Sans doute celles-ci sont vaines lorsque, trop en arrière des besoins ou trop en avant des esprits, elles restent vides parce que la société en est déjà sortie ou n'y est pas encore entrée; mais, bien adaptées à son état, elles n'en sont pas seulement l'image, elles en sont la sauvegarde.

Le côté moral qui domine dans cet écrit se retrouve jusque dans le roman moitié historique, moitié philosophique, du protestant *Jacques Faurel*, sorte de Gil Blas moins spirituel et plus honnête que celui de Le Sage, et que M. Droz composa avec son ami Picard, pour peindre la France du dix-septième siècle avant et après la révocation de l'édit de Nantes, roman où l'esprit ne manque pas, où la passion même se rencontre, mais où la variété des scènes nuit à leur intérêt; qui n'offre pas assez d'exactitude comme tableau du temps, ni assez de profondeur comme peinture de l'homme, et qui aurait pu égayer et toucher davantage si Picard n'avait pas cherché quelquefois à y être sentimental, et M. Droz à y être comique. Il apparaît surtout dans son *Économie politique*, dont il forme le caractère particulier, et qu'il distingue de tous les ouvrages de la même nature. Ce volume court, clair, substantiel, bien écrit, présentant l'économie politique en auxiliaire de la morale, considérant les richesses comme un moyen et non comme un but, déclarant les produits immatériels qui élèvent l'esprit, épurent l'âme, ornent et maintiennent la civilisation, aussi nécessaires pour le moins que les produits matériels aux sociétés bien réglées, offrant d'admirables conseils sur l'emploi du revenu, plaçant le bonheur dans le travail, ne séparant pas l'honnêteté du bien-être, exposant tous les principes sans leur sécheresse, et respirant l'amour de l'humanité sans ses relâchements, ce volume eut un grand succès, et devint, par les éditions qui s'en répandirent en France et les nombreuses traductions qui s'en firent en Europe, un manuel accrédité de la science économique.

M. Droz a transporté la même pensée morale dans l'histoire. Il a retracé en trois volumes, qui forment son ouvrage le plus considérable et le meilleur, la fin de l'ancienne monarchie et le début de la révolution. Pendant vingt-cinq années, il recueillit les matériaux de cette histoire, et se prépara, dans des récits pleins et sobres, sous des couleurs tempérées, avec un esprit élevé, des sentiments nobles, une équité souveraine, à montrer la grande transformation de la société du moyen âge dans la société moderne, à rechercher comment on aurait pu d'abord modérer ses effets, puis régler son accomplissement. Il se posa ce grave problème : Pouvait-on prévenir la révolution, et, ne l'ayant pas prévenue, pouvait-on la diriger ?

Cette question est le fond même de son livre, qui commence avec les dernières années de Louis XV. Dans une introduction, fortement rattachée au sujet, M. Droz expose la décadence de la vieille monarchie, dont un roi, perdu dans les plaisirs, épuise les restes. L'héritier de trente et un rois qui ont conduit les destinées de la France selon les besoins des temps, à l'honneur de leur race, en réunissant un vaste territoire, en civilisant un grand pays, en fondant une belle monarchie, parvenue, sous Louis XIV, au plus haut degré de sa splendeur et à la limite de sa force, dissipe, sans ménagement, le pouvoir que lui ont légué ses ancêtres. Il a assez d'esprit pour sentir l'approche d'une révolution, trop d'insouciance pour la prévenir. — « Tout ceci, dit-il, durera autant que moi, mais je ne sais comment s'en tirera mon successeur. »

Ce successeur, ainsi menacé d'avance, était Louis XVI. N'ayant d'autre ambition que celle du bien, aimant le peuple et désirant le rendre heureux, dévoué à ses devoirs et ne tenant pas à ses droits, accessible aux nécessités de son temps, quoique étranger à ses doctrines, capable de passer sans regret d'une situation où il disposait de la loi dans une autre où il y aurait obéi, nul monarque absolu ne semblait plus propre à se faire roi réformateur et à devenir roi constitutionnel. Qui l'en empêcha? Son caractère. Trop irrésolu et trop faible, se défiant de lui et ne se confiant pas longtemps aux autres, ne sachant comment gouverner lui-même, ni qui charger de gouverner à sa place, essayant tour à tour de tout et ne retirant dès lors le bénéfice de rien, accordant pour reprendre, résistant pour fléchir, il prouva qu'avec les qualités les plus propres à ménager la transition d'un ordre de choses à un autre, il était dans l'impossibilité d'y réussir, parce qu'il lui manquait la clairvoyance qui conduit et la fermeté qui arrête.

Les quinze années durant lesquelles, de 1774 à 1789, Louis XVI, exerçant la plénitude de sa souveraineté législative, était encore en mesure de prévenir la révolution par des réformes, sont supérieurement racontées et jugées dans le premier volume de M. Droz. On y voit, sous la direction frivole du vieux Maurepas, les contradictions du premier ministre s'ajouter aux incertitudes du roi, les desseins se heurter tout comme les choix; au novateur Turgot succéder le routinier Clugny, l'économe Necker remplacé par le dissipateur Calonne; des progrès sans suite accompagnés de retours sans durée, et, sous les deux derniers ministres mêmes de la monarchie absolue, Calonne épuiser en prodigalités ses ressources financières, Loménie de Brienne briser dans de téméraires coups d'État ses ressorts politiques, et Louis XVI, réduit par l'un à assembler les notables, par l'autre à convoquer les états généraux, déposer entre les mains de la nation la puissance réformatrice de la royauté.

Il s'était formé, en effet, une nation nouvelle à laquelle il fallait un droit nouveau. C'est ce qu'avaient reconnu à l'envi les dépositaires les plus divers de l'autorité monarchique. En 1775, l'entreprenant Turgot avait devancé cette révolution en faisant du roi l'instituteur libéral du peuple. En 1783, le circonspect Vergennes en avait signalé l'approche lorsqu'il avait dit à Louis XVI : « Il n'y a plus de clergé, il n'y a plus de noblesse, ni de tiers état en France : la distinction est fictive et sans autorité réelle. Le monarque parle, tout est peuple et tout obéit. » En 1787, le courtisan Calonne en avait proclamé l'urgence lorsqu'il avait ajouté : « Sire, ce qui est nécessaire pour le salut de l'État serait impossible par des opérations partielles, et il est indispensable de reprendre en sous-œuvre l'édifice entier afin d'en prévenir la ruine. »

Qu'avait-il été fait cependant pour changer le vieux régime de la France? L'ouvrage de M. Droz est, à cet égard, bien instructif. Il montre les vices de ce régime restés à peu près incurables jusqu'en 1789. Un ministre, en qui les grandes vues de l'esprit s'unissent à une heureuse pratique des affaires, propose-t-il d'abolir la corvée si onéreuse au tiers état et si humiliante pour lui : le parlement déclare que le peuple est taillable et corvéable à volonté, et que c'est là une partie de la constitution que le roi est dans l'impuissance de changer. Un employé supérieur des finances publie-t-il un écrit sur les inconvénients des droits féodaux et sur l'utilité de leur rachat : le parlement fait brûler le livre par la main du bourreau, et décrète son auteur comme un criminel. L'esprit du temps inspire-t-il des pensées de tolérance : le clergé, rappelant les édits de Louis XIV et de Louis XV contre les protestants, recommande à Louis XVI de les appliquer dans toute leur rigueur, en imitation de ses deux orthodoxes ancêtres. Une politique hardie fait-elle marcher une armée française au secours de l'Amérique du Nord insurgée contre l'Angleterre : au moment même où le descendant des monarques absolus prépare ainsi au delà des mers le triomphe d'une république et d'une démocratie, il exige, sur la demande formelle d'une classe de ses sujets, et par la plus intempestive des contradictions, qu'on ne puisse parvenir au grade d'officier dans le service militaire qu'en prouvant quatre degrés de noblesse. Enfin, la veille même du jour où l'ordre ancien tout entier va tomber en ruines, le parlement oppose-t-il la faible barrière de ses remontrances au débordement des édits financiers : le roi frappe la magistrature de dissolution et envoie les magistrats en exil. Ainsi, au fond, rien n'était changé : le parlement soutenait les priviléges, la cour continuait les abus, le clergé conseillait l'intolérance, la noblesse revendiquait l'inégalité, le roi exerçait l'arbitraire.

Malgré ses généreux désirs, Louis XVI n'avait que faiblement remédié à tant d'imperfections. Il avait essayé de plusieurs sortes d'assemblées sous Turgot, sous Necker, sous Calonne, sans pouvoir en constituer aucune. Il n'était parvenu ni au vote consenti de l'impôt, ni à la répartition équitable des charges publiques, ni à l'établissement des moindres garanties générales, des plus indispensables sûretés particulières, et il laissait à d'autres la grande et difficile tâche de rendre la société française homogène sous une législation uniforme.

C'est ce travail d'unité pour l'État, d'égalité devant la loi, de liberté dans le gouvernement, qu'entreprit l'Assemblée constituante. Éprise du bien public, passionnée pour les intérêts universels, croyant à la justice absolue, cette mémorable assemblée effaça les dernières traces des anciennes servitudes, proclama les nouvelles libertés, substitua l'égalité civile au privilége, les prescriptions de la loi aux caprices de l'arbitraire, voulut que des besoins plus étendus des peuples sortissent les règles plus parfaites de leur gouvernement. Sans doute, elle manquait d'expérience et se laissa entraîner trop loin. Elle fut trop persuadée qu'on dirigerait aisément les hommes par la raison. Elle ne se défiait pas assez de la nation fougueuse et mobile qu'elle avait à constituer, et qui, ne sachant jamais penser avec modération, vouloir avec persévérance, agir avec retenue, devait tour à tour tout ambitionner et tout abandonner, passer vite de l'enthousiasme au dégoût, épuiser également la licence et la servitude.

En historien équitable, M. Droz fait la part

du bien et du mal dans les actes de cette grande assemblée. Il l'accuse surtout d'avoir jeté les bases de l'ordre nouveau, sans avoir su en élever l'édifice. Toutefois, malgré des illusions et des fautes, l'Assemblée constituante s'est rendue digne du respect et de la reconnaissance des hommes pour avoir consacré ces belles notions de justice et de liberté que le dix-huitième siècle avait présentées au monde comme son droit, et qu'elle lui a données comme sa règle. Ce sera sa gloire immortelle, d'avoir fait entrer dans les lois les principes épars que la raison des sages avait disséminés dans les livres. Ces principes sont devenus le patrimoine, désormais inaliénable, du genre humain. Quand les hommes ont vu une fois la vérité dans son éclat, ils ne peuvent plus l'oublier. Elle reste debout, et tôt ou tard elle triomphe, parce qu'elle est la pensée de Dieu et le besoin du monde.

M. Droz cherche si ce besoin n'aurait pas pu être satisfait en 1789 avec plus de mesure, et s'il ne l'aurait pas été dès lors avec moins de trouble et plus de durée. Il examine si la révolution, n'ayant pas été prévenue, ne pouvait pas du moins être dirigée. « Diriger une révolution, dit M. Droz, c'est la conduire de manière à l'arrêter au moment nécessaire. » Il croit qu'on le pouvait dans trois principaux moments : d'abord, à l'ouverture des états généraux, si le roi, demeurant législateur, avait tiré la loi nouvelle du vœu exprimé par la presque unanimité des cahiers; ensuite, après la transformation des trois ordres en une seule assemblée, si Louis XVI, dans la séance célèbre du 23 juin, adoptant en entier l'habile plan de Necker qu'il altéra, avait jeté lui-même les bases de la monarchie constitutionnelle; enfin, lorsque l'insurrection du 14 juillet eut déplacé la souveraineté, lorsque les décrets du 4 août eurent changé l'état de la société française, l'Assemblée, devenue constituante, pouvait à son tour fonder le gouvernement représentatif, en donnant au pays deux chambres, en reconnaissant au roi le double droit de les dissoudre et de sanctionner leurs actes. C'est ce que voulaient Mounier, Lally-Tollendal, Malouet, Clermont-Tonnerre, pour les projets desquels se déclare la préférence de M. Droz, comme elle s'était déclarée, dans la période précédente, pour les réformes prévoyantes de Turgot. Dans leur modération et leur clairvoyance, ces amis excellents de la liberté et de la patrie proposèrent à leur pays la belle forme monarchique, qui donnait une félicité régulière et assurait une grandeur croissante à l'Angleterre, et qui, épargnant à la révolution ses excès, aurait prévenu l'anarchie de la république, la compression de l'empire et procuré à la France ce gouvernement pondéré et légal auquel elle a dû plus tard les trente-quatre années les plus libres et les plus prospères de son histoire. Mais leur vœu ne prévalut point. Dès cet instant, selon M. Droz, l'Assemblée a manqué son œuvre, ainsi que le roi avait manqué la sienne, et rien de régulier, encore moins de stable, ne sort des théories impraticables qui se succèdent, des passions violentes qui se combattent.

Mais l'auteur judicieux de cette histoire philosophique a-t-il bien marqué le moment où la volonté humaine devient impuissante et se trouve, pour ainsi dire, emportée par les événements? Est-il même possible de le marquer nettement? En effet, si l'on considère la faiblesse de Louis XVI, qui se montre aussi irrémédiable sous l'ancien régime que durant la révolution, et ne sait pas mieux réformer l'un qu'il ne saura arrêter l'autre. M. Droz n'a-t-il point placé ce terme trop tard? Et, d'un autre côté, ne le place-t-il pas trop tôt, si l'on considère la force non encore épuisée de la raison publique, qui peut revenir de ses ignorances, se corriger de ses témérités? M. Droz semble le croire lui-même, puisqu'il dépasse la limite un peu étroite qu'il s'était fixée. Dans un troisième volume, qui n'est ni le moins intéressant, ni le moins instructif, il recueille les dernières espérances de modération révolutionnaire que laissent la puissance de Mirabeau et la révision de la constitution de 1791. Le retour de ce grand orateur vers l'autorité, les sentiments qu'il éprouve à la vue de la royauté qui se perd et de la révolution qui s'égare, le projet hardi qu'il conçoit de relever l'une de son apathique abaissement, et de redresser les périlleux écarts de l'autre; les offres qu'il adresse à tous ceux que leur position ou leur influence rend capables de le seconder dans son dessein, les refus qu'il essuie, les mollesses qu'il rencontre, les terribles avertissements qu'il donne, les regrets douloureux qu'il exprime de ses anciens désordres qui le desservent, et de sa trop célèbre immoralité qui l'isole ; ses transactions mystérieuses avec le roi, auquel il vend ses services sans aliéner ses opinions ; les efforts de son génie, agité dans une situation fausse, entre la cour, dont il est le conseiller encore mal écouté, et le peuple, dont il reste le tribun ardent ; l'étendue extraordinaire de sa prévoyance, l'impuissance visible de ses secours qu'on achète et qu'on n'essaye même pas : voilà ce qui vient d'être entièrement dévoilé par une publication récente, et ce que contenait déjà en partie le remarquable ouvrage de M. Droz. Mirabeau mort, la constitution de 1791 promulguée, l'accord de la monarchie et de la révolution, sans manquer aux conditions de l'une, sans sacrifier l'esprit de l'autre, cesse même d'être une espérance pour M. Droz. Il s'arrête alors et se tait. Il laisse, ainsi qu'il dit, ce peuple qui a méconnu les conseils de la sagesse subir les leçons du malheur, et il le montre roulant d'abîme en abîme comme le fait un homme qui ne peut plus se retenir dans sa chute.

En déclarant par là que les événements de

la révolution ne sauraient plus être modérés ni conduits, M. Droz ne tombe-t-il pas dans cette fatalité historique qui semblerait enchaîner la puissance et annuler la moralité humaines? Non, messieurs, annoncer ou expliquer n'est pas excuser. D'ailleurs, si dans ces moments terribles la puissance de l'individu diminue, sa liberté morale ne s'affaiblit pas. L'homme demeure responsable de ses actes, parce que, s'il n'est pas le maître des événements, il reste toujours le maître de sa conduite. Il n'est pas tenu de réussir, mais il est tenu d'agir selon les règles, même oubliées, de la justice, et de se conformer aux lois de l'éternelle morale, lors même qu'elles sont le plus outragées. C'est ce que doit lui dire l'historien de ces temps agités et douloureux, d'où peuvent être ainsi tirés de salutaires enseignements. Comme enseignement politique, on y apprend que tout ce qui est extrême ne saurait être que passager; que rien de faux ne peut revêtir de forme stable, et que méconnaître chez un peuple les conditions de son état social et les besoins de sa civilisation, c'est encourir bien vite les condamnations de sa raison, les résistances de ses habitudes et le soulèvement de ses intérêts. Comme enseignement moral, on y voit que les châtiments sont en général proportionnés aux fautes, que la violence y succombe sous les excès qu'elle produit, et l'on en conclut qu'il faut arriver au durable par le vrai, à l'utile par l'honnête. Le grand dauphin, père de l'infortuné Louis XVI, disait en parlant des rois : « L'histoire donne aux enfants des leçons qu'elle n'osait pas faire à leurs pères. » Ce que l'héritier des races royales appliquait autrefois aux princes, nous devons aujourd'hui l'appliquer et aux princes et aux peuples.

C'est ce que M. Droz a fait dans son livre, qui pourrait bien être une école de prévoyance pour les uns et de modération pour les autres. Ce livre compléta les travaux si variés et si utiles qui l'avaient désigné au choix de l'Académie, lors de sa restauration en 1832. Placé dans la section de morale, dont il a été, durant dix-huit années, un membre accompli, il jouissait parmi nous de l'autorité, du respect, de l'affection qu'inspiraient naturellement la sagesse éprouvée de son esprit, la noble élévation de son âme et les qualités attachantes de son caractère. L'*Histoire de Louis XVI*, que M. Droz acheva de publier en 1842, fut sa dernière œuvre littéraire. Il avait alors soixante-neuf ans, et la plus douloureuse des afflictions venait de le frapper. Il avait perdu la compagne de sa vie. Resté au milieu de trois générations d'enfants qu'il aimait avec tendresse, et qui le chérissaient en le vénérant, il se sentait retenu par les plus doux attachements sur la terre; mais il tournait déjà ses regards vers le séjour des célestes espérances et des rapprochements éternels. — « Je ne fais aucun vœu, écrivait-il, pour être promptement réuni à ma femme. Je resterai avec ce que je conserve de ma famille aussi longtemps que Dieu le jugera convenable. Mais, quand viendra pour moi la fin de l'exil terrestre, j'espère que mes enfants sentiront qu'ils ne doivent pas trop s'affliger de ce que je vais retrouver leur mère, auprès de laquelle ils viendront aussi me rejoindre. »

Les beaux sentiments et les touchantes certitudes que M. Droz avait toujours trouvés dans sa philosophie, il les avait depuis quelque temps fortifiés encore par la religion. Il était revenu peu à peu à la croyance qu'il avait autrefois quittée. Touché de la beauté du christianisme, il s'était laissé persuader par la puissance de sa morale, lors même qu'il était encore rebelle à l'autorité de ses dogmes. Les doutes qu'il conserva longtemps se dissipèrent enfin, non aux illuminations de la grâce, mais aux lumières de la réflexion; car, pour croire, il avait besoin de se convaincre. Il exposa alors, dans les *Aveux d'un philosophe chrétien* et dans les *Pensées sur le christianisme*, l'histoire et la raison de sa conversion. Ces deux petits ouvrages, confession délicate d'un esprit raisonneur, tendre épanchement d'une âme si pieuse avant de redevenir chrétienne, M. Droz les offre, mais avec une tolérance discrète, à ceux qui, étant sortis comme lui des paisibles domaines de la foi, seraient tentés d'y rentrer par le même chemin que lui.

Les dernières années de M. Droz s'écoulèrent dans les méditations de la sagesse philosophique et dans les œuvres de la pratique chrétienne. Il vécut au delà des jours que semblait lui promettre une santé débile. En voyant son corps amaigri, qu'il surchargeait de vêtements comme pour y retenir la chaleur prête à le quitter, son front devenu si pâle, son noble visage affaissé, ses mouvements tardifs, sa parole, ordinairement lente, arrivant avec plus de peine encore sur ses lèvres presque immobiles, on eût dit qu'il allait s'éteindre. Les soins les plus affectueux, des précautions habiles, un air attiédi et aromatisé, préparé tout exprès pour sa poitrine délicate, l'aidèrent à passer encore plusieurs hivers.

Mais, en 1850, à la saison d'automne, il voulut continuer à remplir des devoirs qui lui étaient chers, et il se rendit, le samedi 2 novembre, à l'Académie des sciences morales et politiques, et le mardi suivant à l'Académie française. En sortant de cette Académie, il eut froid, et ce fut bientôt le froid de la mort. Sa poitrine fut reprise d'un mal déjà fort ancien, qui n'eut rien de violent et qui devait l'éteindre sans le faire souffrir. Le quatrième jour, sentant décliner de plus en plus ses forces, et comprenant que le moment suprême approchait, il demanda les derniers secours de la religion, et prit un tendre congé de ses amis et de ses enfants, en leur disant avec une ineffable sérénité et la douceur des immortelles espérances : *Au revoir!* Peu de temps après, au silence de sa respiration, on s'aperçut qu'il avait cessé de vivre.

Ainsi mourut M. Droz, le 9 novembre 1850, à l'âge de soixante-dix-sept ans. Doué d'une haute raison, d'un cœur noble, d'un goût délicat, il avait toujours eu beaucoup de dignité dans les manières, et il laissait sentir la paisible chaleur de son âme à travers les formes un peu solennelles de son langage. Il réfléchissait longtemps pour parler et semblait vérifier sa pensée avant de la produire. Sa sagesse n'avait rien d'austère. A ses yeux, la vie devait être embellie et non attristée par le devoir, et il fallait non-seulement y être utile, mais encore y être aimable. Faisant de la bonne humeur l'accompagnement naturel de la bonne conduite et de l'aménité l'ornement de la vertu, il avait le caractère le plus égal en même temps que le plus sûr, un commerce plein de charmes, où il portait la douce gaieté d'un homme de bien qui est content de lui et qui veut être agréable aux autres. Après avoir pensé en philosophe, écrit en moraliste, agi en citoyen, vécu en sage, fini en chrétien, on peut dire que M. Droz restera au nombre des plus attrayants régulateurs de l'ordre moral et comptera parmi les meilleurs des hommes et les plus respectables.

FRAGMENS D'UNE PRÉFACE

DESTINÉE

A LA PRÉSENTE ÉDITION.

QUELQUES OBSERVATIONS SUR LA PHILOSOPHIE ET SUR LA RELIGION.

Dans les *Aveux d'un philosophe chrétien*, j'ai dit, en parlant des philosophes de l'antiquité : « Les écrits sur la morale, tracés par la *sagesse humaine*, ont une utilité bien digne d'intérêt. Quelquefois ces écrits inspirent de premières réflexions salutaires aux hommes qui repoussent les livres où se trouve la *véritable sagesse*. Ainsi, dans le tumulte de ses passions, le jeune homme appelé à devenir saint Augustin, dédaignait l'Évangile, qui ne lui offrait point cette pompe oratoire dont il était avide. Une exhortation à la philosophie, l'*Hortensius de Cicéron*, tomba dans ses mains ; il lut cet ouvrage, et conçut aussitôt le projet de chercher la sagesse (1). »

L'homme est si faible, qu'il faut craindre de lui enlever aucun secours. Près de la lumière vive et pure que répand l'Évangile, les meilleurs ouvrages de la philosophie antique n'offrent que des lueurs pâles et vacillantes ; et, cependant, Dieu permit que le fils de Monique reçût d'un livre païen la première impression salutaire.

Nicole me paraît être le philosophe chrétien qui a le mieux senti combien il importe de ne priver d'aucun appui notre faiblesse. Un de ses plus intéressans essais, intitulé *de la Charité et de l'Amour-propre* (l'amour de soi) commence par ces mots : « Quoyqu'il n'y ait rien de si opposé
« à la charité qui rapporte tout à Dieu, que l'a-
« mour-propre qui rapporte tout à soy, il n'y a
« rien de si semblable aux effets de la charité que
« ceux de l'amour-propre. Car il marche telle-
« ment par les mesmes voyes qu'on ne sauroit
« presque mieux marquer celles où la charité
« doit nous porter, qu'en découvrant celles que
« prend un amour-propre éclairé qui sçait con-
« noistre ses vrais intérests, et qui tend par rai-
« son à la fin qu'il se propose. » Après des ob-

___
(1) *Confessions de saint Augustin*, l. III. chap. IV et V.

servations fort justes, l'auteur arrive à cette conclusion : « Pour réformer entièrement le monde,
« c'est-à-dire pour en bannir tous les vices et
« tous les désordres grossiers, et pour rendre les
« hommes heureux dès cette vie mesme, il ne
« faudroit, au défaut de la charité, que leur don-
« ner un amour-propre éclairé qui sceust discer-
« ner ses vrais interests et y tendre par les voyes
« que la droite raison leur découvriroit. »

« *Quelque corrompue que cette société fust au-*
« *dedans et aux yeux de Dieu, il n'y auroit rien*
« *au dehors de mieux réglé, de plus civil, de plus*
« *juste, de plus pacifique, de plus honneste, de*
« *plus généreux; et ce qui seroit de plus admi-*
« *rable, c'est que n'estant animée et remuée que*
« *par l'amour-propre, l'amour-propre n'y paroi-*
« *troit pas, et qu'estant entièrement vuide de cha-*
« *rité, on ne verroit partout que la forme et les*
« *caractères de la charité.*

« Peut-être qu'il ne seroit pas inutile que ceux
« qui sont chargés des grands eussent cela gravé
« dans l'esprit, afin que s'ils ne pouvoient leur
« inspirer les sentiments de charité qu'ils vou-
« droient bien, ils tâchassent au moins de former
« leur amour-propre et de leur apprendre *com-*
« *bien les voyes qu'ils prennent pour se contenter*
« *sont fausses, malentendues, et contraires à leurs*

« *véritables intérests, et combien il leur seroit fa-*
« *cile d'en prendre d'autres qui les conduiroient*
« *sans peine à l'honneur et à la gloire, et leur atti-*
« *reroient l'affection, l'estime et l'admiration de*
« *tout le monde, s'ils ne réussissoient pas par ce*
« *moyen à les rendre utiles aux autres ; et ils les*
« *mettroient dans un chemin qui seroit toujours*
« *moins éloigné du ciel que celui qu'ils prennent,*
« *puisqu'ils n'auroient presqu'à changer de fin, et*
« *d'intention pour se rendre aussi agréables à Dieu*
« *par une vertu vrayement chrestienne qu'ils le se-*
« *roient aux hommes par l'éclat de cette honnesteté*
« *humaine, à laquelle on les formeroit.* »

Tout est vrai dans cet exposé ; si quelque esprit sévère contestait la netteté d'une ou deux expressions, elles seraient suffisamment éclairées par celles qui les suivent. L'auteur des passages cités voit la prééminence de la théorie qui rapporte tout à Dieu sur celle qui rapporte tout à soi. La seconde ne produit que des apparences, et une société réglée par elle, malgré tous ses dehors séduisans, n'en serait pas moins dégradée au dedans. Nicole n'admet pas que les partisans de la doctrine de l'amour-propre connaissent leurs vrais intérêts et se rendent utiles à eux-mêmes ; mais il voit que ces hommes sont utiles à d'autres, qu'ils sont affranchis des vices grossiers, des passions vulgaires, et commencent ainsi à se rapprocher de la voie chrétienne. Persuadé qu'il faut ne priver d'aucun secours notre faiblesse, Nicole ne proscrit point l'amour de soi; il espère, en l'éclairant, l'amener à juger son impuissance, et à nous conseiller lui-même de suivre un meilleur guide.

Au milieu des illusions de ma jeunesse, quand je traçais l'*Essai sur l'art d'être heureux*, j'étais loin de m'être formé une théorie aussi juste. Ce que le bon Nicole fait considérer comme un lieu de passage était à mes yeux le séjour où doit s'écouler notre vie.

Lorsque je pense aux affreuses doctrines qui se font jour sur tous les points de l'Europe, à la société menacée d'être bouleversée jusqu'en ses fondemens, s'il me vient un souvenir de mon premier essai, sa philosophie me paraît bien légère. Non, cet écrit ne contient pas la véritable morale, celle qui attache l'homme à son appui solide, celle qui peut être comprise des plus ignorans et des plus éclairés.

Ma conviction profonde est que l'Europe n'aura plus que de courts intervalles de repos, et finira par devenir la proie d'une conflagration générale, si ses périls ne sont pas détournés par un noble retour à la religion révélée, qui seule offre une morale pure, et seule donne la force de la suivre. La morale philosophique, les systèmes que se forme l'intelligence humaine, aidée de la conscience et de la loi naturelle, sont impuissans pour élever des digues assez hautes contre l'invasion des barbares; ils n'ont pas même toujours la force nécessaire pour assurer la paix intérieure d'un ménage.

Les vérités que je viens d'énoncer ne me rendront pas plus sévère que Nicole. Je substituerais des erreurs à mes erreurs passées. Parmi les moyens secourables que la Providence daigne employer pour mettre un terme aux égaremens de notre esprit, les uns sont rapides, les autres lens, les uns conduisent directement au but, les autres n'y font arriver que par de longs détours, à travers des épreuves qu'il faut regarder comme des expiations. Le point important est que l'Eternel daigne pénétrer les âmes d'un vif desir de connaître la vérité. L'homme que ce noble desir possède n'est déjà plus un de ces théoriciens qui se plaisent et se bornent à polir des phrases ; il veut que les idées morales, qui charment son intelligence, règlent ses actions et pénètrent dans ses habitudes. Si Dieu, en lui envoyant ce desir, y joignit la persévérance, la lumière dissipera les ténèbres. Plus cet homme, pour arriver au port, étudiera la philosophie, mieux il en jugera l'insuffisance. Aucun système philosophique ne pouvant satisfaire pleinement notre cœur, il les passera tous en revue sans découvrir ce qu'il cherche ; plus éloigné du calme de l'esprit qu'il ne le serait dans une complète ignorance, troublé par le désaccord de ses pensées et de ses actions, il changera sans cesse d'opinions, et s'agitera jusqu'à ce que la Providence lui fasse trouver enfin, dans la religion, l'unique appui ferme et stable.

C'est ce que j'ai, grâce à Dieu, vu se réaliser pour plus d'un lecteur de l'*Essai sur l'art d'être heureux*. Je suis un exemple de ces retours commencés de très-loin, et bien lens à s'accomplir. Après m'être beaucoup exagéré les avantages de la philosophie, je ne deviendrai point ingrat envers elle. Si l'on m'eût privé de son secours, mes erreurs auraient été plus nombreuses, plus graves. Séduit par les préjugés qui régnaient dans ma jeunesse, j'étais hors d'état de comprendre les merveilleuses leçons du christianisme, et je ne pouvais remonter que par degrés vers la lumière perdue. Dieu m'avait donné de la droiture, le goût de la réflexion ; j'exerçai ma raison, et j'appris de la philosophie quelques vérités, par exemple :

« Il faut prendre la vie au sérieux : celui-là
« seul sait en jouir, qui sait en faire un bon
« usage ;

« Au lieu d'accueillir les gens empressés de
« caresser nos faiblesses ambitieuses ou cupides,
« allons à la recherche d'hommes qui puissent
« nous donner de bons exemples et de bons con-
« seils ;

« Ne songer qu'à satisfaire tous ses desirs, quel
« travail ! et combien de mécomptes ! Commen-
« çons par chasser les desirs que la raison con-
« damne ; puis restreignons les autres dans la
« mesure de nos forces pour les réaliser. »

Je me borne à citer ces idées fondamentales pour qui cherche le bonheur. Souvent la philosophie parle bien, malheureusement elle manque d'autorité pour nous soumettre à ses principes.

. . . .

Ce que la philosophie morale nous dit de vrai, la religion le proclame au nom de la toute puissance qui créa les mondes ; refuser d'obéir à sa loi, c'est se mettre en révolte contre Dieu, dont la justice est inévitable. Qu'elle est faible l'autorité de la philosophie comparée à celle de la religion !

Mais des incrédules annoncent avec assurance que la religion révélée n'existe plus. J'ai fréquemment entendu dire et j'entends quelquefois répéter encore : « La religion est usée par le « temps et par le progrès des lumières ; ceux qui « essayent de la ranimer ne remuent que des cen- « dres éteintes. Le christianisme est au tombeau, « sa résurrection est impossible ; il faut donc lui « substituer un enseignement et des écrits phi- « losophiques. » Ajouter foi à ces idées, tenter d'exécuter un pareil projet, en vérité, ce serait s'élever au faîte de la niaiserie.

. . . .

Si, comme des insensés le prétendent, la religion n'existait plus, rien ne pouvant suppléer à ce principe de vie, la société périrait avec lui ; mais c'est folie de s'imaginer que le soleil est éteint, parce qu'on ferme les yeux. Le temps où nous vivons est très-propre à les faire rouvrir aux plus obstinés dans leur aveuglement volontaire. Hommes de foi, philosophes sincères, prenez confiance dans le malheur ; les cataclysmes de l'ordre physique et de l'ordre moral sont les remèdes héroïques dont se sert l'Éternel. Quand nous voyons tomber autour de nous les appuis sur lesquels se fondait notre sécurité précaire, ces terribles avertissemens nous forcent à réfléchir. Souvent il me semble qu'aujourd'hui beaucoup d'hommes cherchent Dieu : la plupart ont des idées confuses, ils ne savent nullement ni ce qu'ils veulent, ni ce qu'ils invoquent; mais la voie dans laquelle les engage un instinct réparateur est bonne, elle rapproche de Dieu. Espérons! L'homme aura toujours une ressource immense dans la religion, que lui conserve la bonté céleste. Dieu, dans sa miséricorde, peut être touché du repentir de ceux qui l'ont tant outragé, et de ceux qui l'ont tant oublié. A la voix du pardon, le christianisme déploierait encore ses prodiges, et, si de nouveaux barbares inondaient l'Europe, il soumettrait encore les ravageurs de la société à l'irrésistible puissance de sa loi bienfaisante.

Espérons que Dieu détournera les dangers qui planent sur nos têtes. Une vérité connue maintenant de tous les bons esprits, c'est qu'on ne peut améliorer le sort des peuples qu'en produisant une amélioration dans les âmes. On s'est trop occupé de politique et trop peu de morale. On a tenté de nous réformer par des moyens matériels : les hommes ont empiré, ou, si l'on veut, sont restés les mêmes. On attache une grande importance à briser des formes de gouvernement, à leur en substituer d'autres, parce que c'est ce qu'il y a de plus facile et de plus lucratif pour ceux qui mettent la main à l'œuvre.

On nous fait changer fréquemment de costumes ; mais, pour rendre notre sort meilleur, il faudrait élever nos sentimens, adoucir nos mœurs, changer nos habitudes; hors de là, tout est ignorance et vanité.

Hélas! notre tâche est encore bien peu avancée ; les travaux de plusieurs générations seront nécessaires. En général, on parle de la religion avec respect: c'est un progrès, mais presque stérile. Il y a si loin d'un tribut acquitté par bienséance aux sentimens qui renouvellent les cœurs. Dans plus d'un écrit où sont célébrées avec talent l'importance et la nécessité de la religion, l'auteur prend soin de glisser quelques phrases, dont le but est de faire apercevoir qu'il ne croit point. Dans ses entretiens, il déguise fort peu ou déguise fort mal qu'il regarde le christianisme comme un bon instrument inventé pour servir des intérêts très-profanes. Penser ainsi, c'est avilir la religion ; c'est la détruire autant qu'il est en soi : et je ne sais si l'athée est plus coupable.

. . . .

La philosophie doit concourir à la rénovation qu'appelle notre siècle; mais, pour donner à son enseignement toute l'utilité desirable, plusieurs réformes me paraissent nécessaires. Souvent, je suis confondu de la foi que de jeunes docteurs ont en eux-mêmes ; cette surabondance de vanité est ce que je connais de plus antiphilosophique ; il y a de quoi fermer toutes les voies de la science et de la sagesse. Avant de donner un cours de philosophie, il faudrait des leçons pour préparer l'esprit des élèves à cette douce et noble étude. La première vérité qu'on leur présenterait, c'est que l'homme est un être bien faible, et la première conséquence qu'on en tirerait, c'est que l'homme a grand besoin d'appui ; on exposerait ensuite d'une manière générale comment la raison peut aider à nous guider vers la route du vrai, du bon et du beau. Je diviserais volontiers la philosophie en *philosophie métaphysique* ou *abstraite*, et en *philosophie morale* ou *pratique*; c'est sur la seconde que je donnerais des notions tout d'abord, attendu que l'intelligence ne saurait s'approcher de la vérité, ni même aspirer sincèrement à la connaître, que lorsque l'âme est dégagée des passions grossières et désabusée des intérêts vulgaires. Dans le cours entier, je ne perdrais aucune occasion de faire sentir combien la philosophie qui forme les âmes à la droiture, au désintéressement, à l'abnégation de soi-même, quand il s'agit de servir ses semblables, est plus haute que celle dont le but est d'enrichir l'esprit. Attachons-nous à la philosophie pratique : ce qui nous manque, ce sont des hommes.

Les philosophes grecs doivent la plus belle part de leur renommée aux efforts qu'ils ont faits constamment pour donner aux âmes de nobles et sages habitudes. Oh ! que ces philosophes étaient supérieurs à la plupart des nôtres ! Lorsque l'on compare les déistes de l'antiquité et les déistes du siècle dernier, on porte bientôt un jugement glorieux pour les uns, flétrissant pour les autres. Les premiers, au milieu des fables du polythéisme, en s'élevant à l'unité de Dieu, ont montré jusqu'où peuvent atteindre les forces de la raison ; les seconds, entourés des vérités de la révélation, en les méconnaissant, ont fait voir dans quels égaremens tombe l'intelligence humaine quand elle est ingrate envers son auteur.

. . . .

Établir une séparation absolue entre la philosophie et la religion, cela est impossible, du moins dans l'idée que je me forme d'une saine philosophie : elle consiste à reconnaître que l'homme est très-faible, et à chercher quels sont les plus utiles secours qu'on puisse offrir à sa faiblesse. On voit bientôt que les secours apportés par la philosophie sont insignifians pour les masses populaires, et qu'ils laissent beaucoup à desirer même pour les intelligences les plus cultivées. Ces observations doivent nécessairement conduire un ami de la vérité, non pas à se jeter dans des controverses, mais à déclarer de la manière la plus nette et la plus formelle que nos plus sûrs appuis ne se trouvent que dans la religion, dans sa morale soutenue par ses dogmes et par ses pratiques.

. . . .
. . . .

Je ne crois pas pouvoir achever.

J. DROZ.

PRÉFACE

DE

LA SIXIÈME ÉDITION (1828).

La philosophie a ses révolutions ainsi que la politique. Lorsque je publiai, il y a vingt-deux ans, cet *Essai*, la plupart des métaphysiciens voulaient, pour ainsi dire, anatomiser l'intelligence humaine : ils semblaient aspirer à donner au langage de la morale une sécheresse mathématique. Je n'adoptai point leur méthode, et j'en craignais les résultats. Aujourd'hui, je fais imprimer pour la sixième fois ce petit ouvrage : les temps et le cours des idées sont changés. On se dit encore observateur, mais trop souvent c'est avec les yeux de l'imagination qu'on observe ; on aime à trouver dans les discours sur la morale de l'exaltation et du vague ; la métaphysique est devenue poétique. Cette nouvelle manière de s'éloigner de la vérité ne me séduit pas plus que la première. Je reste fidèle à la douce philosophie du sentiment et du bon sens, à cet art de vivre qui fut chéri de Socrate, de Montaigne, de Franklin, et qui sera cultivé d'âge en âge par les hommes persuadés que les meilleures théories morales sont celles qui conduisent directement à la pratique.

J'ai souvent remercié la Providence de m'avoir inspiré le goût des études philosophiques. Grâce à leur secours, j'ai pu m'occuper du bon et du beau dans des jours orageux. Tandis que je cherchais en paix quelques idées utiles à mes semblables, combien d'ambitions ont élevé rapidement des hommes et les ont précipités plus rapidement encore ! Pendant le court espace de temps qu'il a fallu pour imprimer une édition de cet Essai, j'ai vu deux révolutions (1). Hélas ! le calme qu'on trouve dans la retraite fait quelquefois retomber la pensée avec plus d'amertume sur les désastres qui retentissent au dehors. Juste Lipse a écrit un livre des *Consolations dans les calamités publiques*. Son stoïcisme froisse et révolte mon cœur. Celui qui voit d'un œil sec les discordes civiles perd le premier élément du bonheur, je veux dire ce sentiment dont la voix rappelle à l'homme qu'il tient à l'humanité et qu'il est bon.

(1) En 1815.

Des moyens d'adoucir pour soi les malheurs publics sont de les détourner des êtres qui nous sont confiés, de prodiguer ses soins aux victimes du sort, et de hâter, au moins par des vœux, les jours qui viendront consoler la terre. Ces moyens sont plus efficaces qu'une froide et stérile insensibilité.

Les études morales, presque oubliées de nos jours, sont nécessaires dans toutes les situations de la vie. Nous devons nous exercer à repousser, à soutenir les peines ; et nous avons même besoin d'apprendre à choisir, à goûter les plaisirs. Si l'on occupe de hautes fonctions, les études morales peuvent seules indiquer les moyens d'exercer une heureuse influence, et donner le courage de marcher au but qu'elles ont fait connaître. Si les circonstances sont telles que l'honnête homme ne puisse se faire entendre, ou si l'on est dépourvu des talents qu'exigent les discussions publiques, les mêmes études enseignent à se plaire au sein de la retraite, à rendre encore quelques services dans l'étroite sphère où s'écoule une obscure existence.

La plus belle mission à remplir est celle d'accroître le nombre des gens de bien. Si j'offrais aux jeunes écrivains des conseils sur leur bonheur, je parlerais du soin qu'ils doivent apporter au choix de leurs sujets. Plus les idées dont ils nourriront leur esprit seront de nature à nous rendre meilleurs, plus ils s'assureront les avantages dont ils voudraient nous voir jouir. Pour être satisfait de soi-même, il faut ne tracer que des écrits qui réveillent des sentimens purs. Heureux l'homme qui peut se dire en achevant sa carrière : Avec des talens supérieurs, j'aurais eu plus d'influence, j'aurais été plus utile ; mais j'ai fait autant de bien que le permettait ma faiblesse !

Il est naturel d'aimer à placer en tête d'un livre qu'on publie le nom d'un ami ou d'un homme qu'on respecte. J'offris ainsi cet Essai à M. Français de Nantes. Je fus laconique dans mes éloges, M. Français occupait une place importante ; mais aujourd'hui que, dans une honorable retraite, il ne peut rien pour moi, je suis libre d'exprimer les sentimens que mon cœur lui conserve. Ce serait un portrait fort utile à tracer que le sien ; plus il serait fidèle, plus on voudrait lui ressembler. Dans un rang élevé, son secret pour trouver le bonheur était de faire beaucoup d'heureux. Tandis que des multitudes de demandes venaient sans cesse l'assaillir, il cherchait encore si des hommes estimables n'oubliaient pas de tourner les yeux vers lui.

Combien de secrets auraient à révéler ceux qui l'approchaient alors! Il ignorait le sens du mot importunité; les vœux qu'il ne pouvait exaucer à l'instant, il demandait du temps pour les réaliser.

Aucun esprit de parti ne dicta jamais ses choix. Il s'informait de la probité, des malheurs, non des opinions; et c'est de lui qu'un poëte aimable a dit :

> Rencontre-t-il quelques nochers débiles
> Qu'ont submergés nos tempêtes civiles,
> Il les console, il leur ouvre le port,
> Sans s'informer par quel vent, quel orage,
> Ni sur quel bord chacun d'eux fit naufrage (1).

Les gens de lettres, les hommes distingués dans les arts, étaient l'objet de ses soins attentifs. Il ne les protégeait pas, il les aimait, et tentait de réveiller en eux cette ardeur de produire qu'éteignent la guerre et les discordes.

Un dernier trait le caractérise. Ayant occupé des fonctions qui lui donnaient d'immenses moyens pour obliger, il a dû souvent éprouver de l'ingratitude; on ne l'entendit jamais se plaindre d'un ingrat.

(1) **OEuvres de M. Andrieux**, tome III, page 236.

ESSAI

SUR

L'ART D'ÊTRE HEUREUX.

CHAPITRE PREMIER.

VUES GÉNÉRALES.

L'homme est né pour être heureux : ses desirs, la bonté du Créateur, m'offrent les preuves de cette assertion; et, cependant, de toutes parts des cris s'élèvent contre la destinée ! Nous gémissons environnés de richesses dont nous ne connaissons ni le prix ni l'usage ; semblables au voyageur qui souffre entouré de végétaux précieux, dont la vertu qu'il ignore ranimerait ses forces défaillantes.

Qu'ai-je vu en entrant dans le monde? Des hommes qui ne croient plus au bonheur. J'allai, avec toutes les illusions de la jeunesse, vers ceux dont les paroles, les actions, annonçaient un cœur droit. Lorsque je leur demandai les conseils de l'expérience sur les moyens d'être heureux, je fis sourire les uns avec dédain, les autres avec amertume. Persuadés que les plaisirs de l'existence ne dédommagent pas de ses peines, ils considéraient la vie avec une sorte de résignation ; et, parce qu'ils étaient découragés, ils se disaient détrompés.

Alors, je voulus connaître ces hommes dont l'éclat et l'agitation éblouissaient la multitude. J'approchai d'eux, quelques-uns dissimulaient peu leurs principes. Le vil égoïsme rétrécissait leur âme, une ambition sans fin la tourmentait ; en voyant leur sort, je fus consolé d'avoir entendu leurs maximes.

Las du spectacle qui m'environnait, j'allai chercher, au fond de sa retraite, un austère et sombre moraliste ; il me représenta ce monde comme un abîme où l'homme souffre en attendant la mort. Ces paroles m'inspirèrent la tristesse et l'effroi ; mais je me rassurai bientôt, et je dis : « Non, je ne croirai point qu'il veuille notre malheur, l'être puissant et bon qui forme nos cœurs pour goûter les chastes amours et la sainte amitié; celui qui nous donne l'innocence avant que nous puissions pratiquer la vertu, et qui nous offre le repentir après que nous avons commis des fautes. »

J'avais un moment confondu la sagesse avec la sombre austérité, je fus bientôt près de l'excès contraire. Je vis des hommes, légers par caractère, insoucians par système, dédaigner les erreurs communes pour y substituer de plus douces folies. Je leur demandai le bonheur : sans me comprendre, ils m'offrirent des plaisirs. Heureux encore s'ils savaient en éviter les dangers, et si, moins prodigues de la vie, ils ne dissipaient en peu de jours les années que regrettera leur hâtive et triste vieillesse!

Je fus enfin éclairé par tant de fautes et d'erreurs, et chaque jour mes réflexions m'affermirent dans la route nouvelle où je portai mes pas. Comment les hommes qui nous entourent s'occuperaient-ils du bonheur? Si j'en crois ceux qui tolèrent qu'on admette son existence, il est l'ouvrage de l'imagination; et souvent, pour le détruire, il suffirait de raisonner.

Apprenons à le distinguer du plaisir. Celui-ci, léger, rapide, a besoin de prendre des formes aussi variées que nos caprices ; son plus grand charme est dans sa nouveauté ; l'objet qui le fait naître un jour, le lendemain cesse de plaire. Le bonheur n'est point une sensation fugitive ; c'est un sentiment si doux de l'existence, que, plus nous l'éprouvons, plus nous souhaitons de prolonger sa durée. Mais encore, le raisonnement ne détruit pas même les plaisirs. Qu'ils soient exempts de dangers, la réflexion les prolonge, et les fait paraître plus vifs ; sans elle, on les effleure, on ne sait point en jouir. Observez ces épicuriens que l'amitié réunit, et dont la seule étude est de multiplier les instans heureux dans la vie. Par quelles discussions ingénieuses ils se pénètrent des charmes de leur situation ! avec quelle finesse ils analysent leurs plaisirs pour mieux les goûter ! avec quel art tantôt ils éloignent l'image du passé et celle de l'avenir, afin que rien ne puisse les distraire, et tantôt ils appellent les souvenirs et les espérances, pour embellir encore le présent !

Contre l'opinion générale, je pense que le plus sûr moyen pour être heureux est de beaucoup réfléchir. Les premières réflexions dissipent, il est vrai, le charme que la jeunesse répandait sur la vie ; elles nous font apercevoir des plaisirs moins durables, des peines plus nombreuses. Alors, les hommes se découragent ; ils végètent dans cette situation affligeante. Continuons de réfléchir, et les objets changeront de face une seconde fois à nos yeux : les maux qui nous paraissent redoutables s'offriront sous un aspect moins effrayant, et des plaisirs passagers recevront un nouvel attrait de leur analogie avec notre faiblesse.

On se trompe en croyant que l'art sur lequel j'écris ne fut jamais enseigné : il le fut par des maîtres célèbres. Lorsqu'on veut réveiller dans son âme de grands souvenirs, de nobles émotions, il faut diriger sa pensée vers la Grèce. Terre classique des arts et de la philosophie, elle a produit tout ce qui peut enflammer l'imagination des hommes : c'est là que les vertus et la beauté, la gloire et les plaisirs, ont eu des autels. Au milieu d'un peuple d'artistes, de poëtes et d'orateurs, dont l'existence immortalisa l'heureuse Athènes, on distingue ces philosophes qu'inspirait l'amour de leurs semblables. Ils enseignaient la science du bonheur ;

et le plus éclairé d'entre eux fut peut-être celui qui promit des leçons sur la volupté, mais qui bientôt apprit à ses disciples, accourus en foule, que la plus douce volupté est le fruit de la plus haute sagesse.

Parmi nous, on réfléchit si peu sur l'art d'être heureux, qu'on s'étonnera d'entendre dire qu'il pourrait être assimilé à tous les autres arts. Il n'est pas cependant de vérité plus simple. Pour réussir parfaitement dans cet art, il faudrait, comme dans tous les autres, des dispositions, des circonstances favorables, et l'étude assidue des préceptes.

L'influence des dispositions naturelles est surtout remarquable dans les individus dont le caractère est très-prononcé. Quelques hommes sont doués d'une telle fermeté, que le malheur ne peut les ébranler. Il glisse, pour ainsi dire, sur leurs âmes stoïques, et le choc des événemens contre eux leur fait peut-être éprouver une sorte de volupté en leur donnant le sentiment de leur force et de leur indépendance. Plus souvent, on voit des hommes dont l'imagination mobile échappe aux idées tristes ; oubliant sans regret, espérant sans effort, tou-

jours légers, frivoles, ils éloignent le malheur
par l'insouciance et la gaieté. Enfin, l'organisation la plus desirable, l'organisation parfaite,
donne à la fois une grande puissance pour résister aux peines de la vie, et une exquise sensibilité pour jouir avec ardeur de tous les plaisirs vrais (1).

Est-il besoin de montrer quels secours les
circonstances peuvent offrir à notre faiblesse?
C'est commencer la vie sous d'heureux auspices que d'avoir des parens éclairés et tendres,
dont les soins dirigent nos premiers pas, adoucissent nos premières peines, et déposent dans
nos cœurs le germe des affections qui doivent,

---

(1) Je crains qu'en parcourant cet Essai on ne m'accuse quelquefois de vouloir des choses contradictoires. Une sévère analyse démontrerait que tout ce que je demande est très-conciliable. Je ne suis ni métaphysicien ni physiologiste; j'épargnerai donc l'appareil scientifique à mes lecteurs. Mais, lorsque je dis, par exemple, que l'organisation parfaite réunit deux qualités, en apparence incompatibles, beaucoup de force et beaucoup de sensibilité, je ne parle point d'une organisation chimérique. Un physiologiste nous dirait que le tempérament qui réunit ces avantages est le *bilieux-sanguin;* il pourrait ajouter que ce tempérament est le plus commun chez les Français.

en se développant, servir un jour à notre félicité. C'est continuer d'être favorisé par le sort que de trouver dans sa jeunesse des amis laborieux et sages; d'obtenir l'affection d'une femme dont les goûts soient simples, le caractère facile et la raison solide; de voir ensuite ses enfans répondre aux soins qu'on leur donne; de posséder une fortune médiocre, d'exister sous un gouvernement tranquille, et d'arriver à la vieillesse sans survivre aux êtres qu'on chérit.

Mais quelle situation dispense de cultiver la philosophie? Il est des hommes pour lesquels le sort a tout fait, excepté de leur apprendre à jouir de ses dons. Alors même qu'il nous prodiguerait de nombreux avantages, les préceptes seraient encore nécessaires pour nous enseigner l'art de prolonger les instans dont nous pouvons jouir, de goûter tous leurs charmes, de les rendre plus vifs. Les dispositions, les circonstances heureuses, nous sont-elles refusées; loin de perdre leur utilité, les préceptes acquièrent une nouvelle importance. Ils deviennent essentiels pour corriger nos défauts, pour nous aider à traverser les circonstances difficiles. Mais on s'écrie : « Les préceptes sont vains ! Dans une situation tranquille, vous les étalez avec pompe ; un revers vous les fait oublier. » Au ton tranchant avec lequel on décide que l'étude de la sagesse est inutile, il semble que les êtres frivoles qui nous entourent aient à regretter de lui avoir consacré des années.

Le voyageur s'égare quelquefois après avoir demandé vers quel point de l'horizon il doit diriger ses regards et ses pas. Insensés ! vous concluez de ses erreurs qu'il est inutile de connaître la route, et qu'il faut marcher au hasard !

Notre bonheur, a-t-on dit, *dépend des événemens et de notre caractère. Nous ne pouvons rien sur les événemens, et nous ne pouvons presque rien sur notre caractère ; il s'ensuit que nous pouvons très-peu de chose pour notre bonheur.* Ah ! connaissons nos forces, et ne prenons point de funestes erreurs pour d'affligeantes vérités.

Nous avons de l'influence sur les événemens, si nous les évitons par le courage ou l'adresse, surtout par la modération, douce et constante prévoyance du sage. Nous avons sur eux ensuite une influence non moins réelle, par la manière dont nous les considérons. Tel coup du sort dont je suis accablé effleure le sage, qui se dit « : Comment juger l'incertain avenir? De mes revers naîtront peut-être mes jours les plus heureux. » Enfin nous exerçons de l'influence sur les événemens, si nous savons sortir des situations pénibles. Nous le saurons d'autant mieux que nous aurons plus de cette force d'âme qui conserve à l'esprit toute sa liberté, et de cette vivacité d'imagination qui distrait des plaisirs passés tant qu'il en existe qu'on peut goûter encore.

Notre caractère n'est pas uniquement le résultat de notre organisation; il est aussi formé par toutes les impressions que nous avons reçues, par toutes les réflexions que nous avons faites. La variété des caractères, si frappante dans les villes riches et très-peuplées, est tellement l'effet de causes accidentelles, que, dans les contrées agrestes et pauvres, où les hommes ont à peu près le même genre de vie, l'uniformité des mœurs est égale à la monotonie des occupations. Tous ces caractères bizarres et misérables, qui doivent exciter le mépris ou la pitié, sont des caractères factices. Je vois des hommes dont la manière d'être est en opposition constante avec celle que le bonheur demande. Qu'on leur parle de plaisirs? ils ont tout vu, tout épuisé; ils semblent avoir vécu des siècles. Éprouvent-ils un revers? à leurs gémissemens, on dirait qu'ils commencent de vivre, et qu'ils n'ont pu prévoir encore que le malheur les atteindrait. La nature ne donne ni ces dégoûts prématurés, ni cette honteuse et triste lâcheté. Que l'éducation nous éclaire, qu'elle nous fasse apprécier les biens et les maux de la vie, qu'elle rende notre âme plus forte et notre imagination plus riante, nous serons ce que nous devons être : vieillards dans les revers, toujours enfans dans les plaisirs.

Certes, on a peu d'influence sur son caractère, quand on prend peu de soin pour le former. Je pourrais invoquer de nouveau les philosophes de la Grèce; leur exemple nous apprendrait à quel point un long exercice de notre raison peut affermir et modifier notre âme. Ce principe, qu'un homme a peu d'influence sur son caractère, renferme une trop facile excuse pour n'être pas favorablement reçu parmi nous ; mais pensez-vous qu'à l'école de Zénon il eût été bien accueilli ?

Autant la véritable philosophie, la philosophie qui consiste à se perfectionner, était révérée des anciens, autant elle est dédaignée des modernes. Cependant, on voit encore apparaître au milieu d'eux quelques-uns de ces hommes que la nature destine à présenter le modèle de la beauté morale ; comme il est des chefs-d'œuvre qui, de siècle en siècle, perpétuent, parmi les artistes le modèle de la beauté physique : tel fut Benjamin Franklin, l'honneur du nouveau monde. J'ai relu souvent les pages où il expose son projet d'atteindre à la perfection morale. Il indique le moyen qu'il employait ; puis il ajoute avec une simplicité touchante :
« Quoique je ne sois point arrivé à la perfec-
« tion à laquelle j'avais tant d'envie de parve-
« nir, et que j'en sois même resté bien loin,
« mes efforts m'ont rendu meilleur et plus
« heureux que je n'aurais été, si je n'avais
« formé cette entreprise, comme celui qui cher-
« che à se faire une écriture parfaite en imi-
« tant un exemple gravé, sans atteindre jamais
« à la perfection du modèle rend cependant

« sa main plus sûre et son écriture passable.
« Il peut être utile à mes descendans de savoir
« que c'est à ce petit artifice, et à l'aide de
« Dieu, que leur ancêtre a dû le bonheur con-
« stant de sa vie jusqu'à sa soixante-dix-neu-
« vième année, pendant laquelle ceci est écrit.
« Les revers qui peuvent troubler le reste de ses
« jours sont entre les mains de la Providence;
« mais, s'ils arrivent, le souvenir de son bon-
« heur passé doit l'aider à les supporter avec
« résignation (1). »

L'homme peut agir sur lui-même et sur les événemens; il est donc un art d'être heureux. Quoique cet art n'ait pas une place dans nos encyclopédies, je ne le crois pas moins digne de nos recherches.

Mais comment donner des principes certains, malgré la diversité des goûts, des esprits et des caractères? N'oublions pas une distinction importante. Il existe autant de plai-

---

(1) Je regrette de ne pouvoir copier ici le plan que Franklin s'était formé; la citation serait trop longue. Voyez *Mémoires de Benjamin Franklin;* traduction nouvelle. Paris, Jules Renouard, 1828, 2 volumes in-18.

sirs que de sensations agréables; un seul état de l'âme mérite qu'on le désigne par le nom de bonheur. Ainsi, l'on peut admettre une très-grande variété d'opinions raisonnables sur le choix des plaisirs : deux hommes suivent la même route, ils vont au même but, quoique, dans le voyage, l'un se plaise à considérer les points de vues champêtres et rians, et que l'autre arrête ses regards sur les sites sauvages et pittoresques. Les plaisirs varient pour s'approprier aux divers caractères, aux différens degrés de fortune et d'esprit; mais il est des biens essentiels : l'objet de nos recherches sera de les connaître, et d'apprendre à les acquérir. La nature agit comme une bonne mère : celle-ci laisse l'enfant qu'elle aime choisir en liberté, parmi les jeux innocens de son âge, ceux qui l'amuseront; mais, quand il faut assurer son bonheur, elle ne l'abandonne plus à son inexpérience; elle lui parle avec autorité, le guide et le soutient sur la route, dont les bords sont gardés par la douleur, la honte et les regrets.

Fidèle à la vérité, je reconnais que les discours, les livres, ont une faible influence. Une phrase change-t-elle une habitude? L'éducation seule pourrait conduire les hommes au bonheur; encore toute sa puissance serait-elle nécessaire : l'expérience des autres rarement nous suffit; nous voulons, à nos périls, voir et juger par nous-mêmes. .

Quelques personnes demanderont peut-être si celui qui veut enseigner l'art d'être heureux a su jouir constamment du bonheur. Doué d'un peu de philosophie, servi par des circonstances favorables, j'ai trouvé jusqu'à présent dans la vie beaucoup plus de plaisirs que de peines. Mais qui peut espérer la félicité sans mélange? J'ai connu, je l'avoue, les inquiétudes et les regrets, j'ai quelquefois oublié mes principes; et je ressemble au pilote qui donne des leçons de son art après plus d'un naufrage.

CHAPITRE II.

DES DESIRS.

Qu'est-ce que les peines? Des desirs qui surpassent nos forces (1). Les Orientaux racontent qu'Oromase apparut au vertueux Usbeck, et lui dit : « Forme un souhait et je l'accomplirai. — Source de lumière, répondit le sage, je te demande de borner mes desirs aux seuls biens dont je ne puis manquer. »

Gardons-nous de supposer cependant qu'un bonheur négatif, qu'un état exempt de souffrances, soit le plus avantageux que nous puissions obtenir sur la terre. Les défenseurs de ce triste système ont, dans leurs rêveries, mal connu la nature de l'homme. S'il a tort de vouloir des plaisirs, s'il ne doit que chercher les

---

(1) Cette définition est exacte ; et les objections par lesquelles on essayerait de l'attaquer prouveraient seulement que l'homme le plus modéré ne peut encore échapper à toutes les peines de la vie.

moyens de vivre à l'abri des douleurs, les forêts et leurs antres nous cachent des êtres plus heureux; qu'il aille y choisir des modèles, avec le désespoir de les égaler jamais.

Bornés au présent, les animaux dorment, mangent, procréent, vivent sans inquiétude et meurent sans regret; voilà dans sa perfection le bonheur négatif. L'homme, il est vrai, s'égare en vains projets; ses longs souvenirs et sa vive prévoyance le font souffrir dans le temps qui n'est plus et dans celui qui n'est pas encore; son génie enfante des erreurs, sa liberté des crimes; mais l'abus de ses facultés ne prouve pas leur impuissance. Qu'il consacre à les diriger le temps qu'il perd à se plaindre, et bientôt il bénira le ciel, qui lui donna le premier rang parmi les êtres. Si, victime, au contraire, d'une abjecte philosophie, il essayait d'abandonner ce rang, dont il doit être fier, en vain tenterait-il de se dégrader; il ne ferait qu'ajouter à ses maux la honte d'avoir voulu s'avilir.

Observons les animaux dont l'instinct a le plus de rapports avec l'intelligence : quel est celui qui recueille l'héritage de ses pères, qui l'accroît, et le transmet à sa postérité? L'homme seul perfectionne son espèce ; il est donc essentiellement distinct du reste des créatures.

L'absence des peines, le bonheur négatif, ne peut lui suffire ; et ses nobles facultés se refusent au repos de l'indifférence. Créés pour aspirer à tout ce qui nous est vraiment utile, conservons des desirs, et qu'ils nous ouvrent le sentier du bonheur. Trop heureux s'ils ne nous entraînaient jamais vers ces objets qui reculent à mesure qu'on s'efforce de les atteindre, et vers ceux dont la possession trompeuse est plus féconde en regrets qu'en plaisirs !

Loin d'être un austère censeur des desirs, je me garderais de blâmer indistinctement ceux qu'on ne peut réaliser. Souvent ils produisent d'aimables illusions ; et quels charmes n'ont-ils pas répandus sur nos jeunes années? Notre imagination, brillante et vive comme notre âge, embellissait alors tous les objets dont nous étions environnés, toutes les situations où le sort devait un jour nous placer. Des erreurs nous occupaient : elles étaient heureuses, et desirer c'était jouir.

Ils naissent de nos desirs, ces rêves enchanteurs qui tiennent une place dans la vie de tout homme dont l'imagination est riante. Ingénieux mensonges! illusions fécondes! bercés par vous, nous possédons l'objet de nos magiques rêveries. La possession réelle serait moins fugitive; mais ne peut-elle aussi s'évanouir comme un songe?

Ah! sans doute quelques dangers se mêlent à ces rêveries séduisantes. En quittant le pays des chimères, la plupart des hommes voient à regret celui qu'ils habitent. N'ayons pas leur triste faiblesse; sachons jouir d'un moment d'erreur et le renouveler encore par le souvenir : il n'est permis qu'aux enfans de pleurer quand le réveil dissipe les jouets dont un songe les rendait possesseurs.

On se livre aux illusions sans danger, si l'on a formé sa raison, si l'on pense avec sagesse que la situation où l'on est placé par le sort a des avantages que nulle autre ne pourrait offrir. L'imagination embellit alors quelques heures de la vie sans la troubler jamais. Prompt à céder aux douces illusions, il en est peu dont je n'aie goûté les charmes. En sortant de la rêverie, ainsi que d'un léger sommeil, je porte mes regards sur ma femme, sur mon enfant; je pense à l'affection que mes amis ont pour moi, aux plaisirs simples et cependant toujours nouveaux de ma retraite; je souris des erreurs qui viennent de m'occuper, et je me dis : « Eh bien! mon imagination ne peut rien créer de plus doux que la réalité. »

Évitons un piége dangereux; ne nous laissons pas entraîner à confondre, avec les desirs légers qui peuvent amuser ou distraire un moment, ces desirs profonds qui dirigent toutes nos facultés vers un but et peuvent exercer sur la vie une grande influence. Il est temps de considérer ces derniers, et d'offrir des réflexions plus sérieuses.

Les facultés de l'homme agissent dans des bornes étroites, et ses desirs parcourent l'infini. De cette vérité, tant de fois répétée, naissent deux réflexions : l'une affligeante, beaucoup d'hommes sont malheureux sans doute, puisqu'il est plus facile de former que de réaliser des vœux; l'autre consolante, la plupart des hommes pourraient jouir du bonheur, puisque chacun d'eux peut régler ses desirs.

Obligé de les réaliser tous ou de les restreindre, quel parti faut-il prendre? L'ambition nous conduira-t-elle au repos? Celui qu'elle trouble ressemble à l'enfant qui s'imagine qu'au sommet de cette montagne lointaine on touche les bornes de l'horizon ; de montagne en montagne un nouvel horizon se développe à ses yeux.

Cependant le courage et la persévérance nécessaires pour régler ses desirs nous effrayent. On s'agite pour la fortune, les honneurs et la gloire ; la philosophie vaut mieux, et l'on voudrait l'acquérir sans peine !

Elle nous dit : Réaliser ses desirs est une partie de la science du bonheur ; mais c'est la seule dont les hommes s'occupent, et ce n'est point la première. Celle-ci doit leur apprendre quels desirs on peut recevoir et nourrir dans son âme.

Lorsqu'ils naissent d'une imagination riante, livrons-nous à leurs rêveries passagères ; mais, lorsqu'ils peuvent exercer une longue influence, qu'un mûr examen nous apprenne si la sagesse veut qu'on essaye de les réaliser. Oh ! combien d'incertitudes et de tourmens on pourrait épargner à notre faiblesse ! Si, dès l'enfance, on dirigeait nos regards vers les objets essentiels à la félicité, si l'on dépouillait de leurs charmes trompeurs ceux qui, dans la suite, produisent les espérances chimériques et les regrets amers, quelle reconnaissance nous devrions à l'instituteur dont les soins prévoyans auraient aplani pour nous le sentier du bonheur! Les grands résultats qu'il faudrait obtenir de l'éducation seraient de savoir modérer ses desirs et d'être sagement habile à trouver toujours quelques dédommagemens des peines de la vie. Au contraire, en excitant notre émulation, en nous inspirant l'ardeur d'accroître notre fortune, d'éclipser nos rivaux, on s'étudie, pour ainsi dire, à nous rendre mécontens de notre sort; et, comme si l'on craignait que nous ne fussions assez tôt pervertis par la contagion de l'exemple, on fait entrer de force dans notre âme des passions qui la dévorent. On traite de chimériques ces desirs simples et purs qui par eux-mêmes sont des plaisirs, et qui n'appellent qu'un facile bonheur; les desirs dont on nous enflamme sont de ceux qui dessèchent le cœur, qui tourmentent la vie, et qu'on réalise sans parvenir à se satisfaire.

Eh bien! écartons toutes les idées que nous avons reçues, fermons les yeux aux illusions dont on nous environne; et, pour refaire le plan de notre vie, ne conservons dans notre âme que le desir qu'y plaça la nature : celui de jouir du bonheur. Ajoutons par nos réflexions à ses forces, et qu'il soit notre guide dans la route nouvelle que nous devons nous ouvrir.

Toujours, dit-on, ce desir nous anime. Je le crois ; mais, dans la plupart des hommes, simple résultat de l'instinct, il est vague et ses effets sont nuls. Le besoin d'être heureux est aussi répandu que la vie; un desir éclairé du bonheur est aussi rare que la sagesse.

Viens, Charron, digne ami de Montaigne, répète-nous, dans ton langage énergique et simple, des vérités oubliées de nos jours. « Le pre-
« mier et fondamental advis est de ne vivre
« point à l'adventure comme font presque tous.
« Ils ne goustent, ne possèdent, ny ne jouissent
« de la vie; mais ils s'en servent pour faire
« d'autres choses. Leurs desseins et occupa-
« tions troublent souvent et nuisent plus à la
« vie qu'ils n'y servent. Ces gens icy font tout
« à bon escient, sauf de vivre. Toutes leurs ac-

« tions et petites pièces de leur vie leur sont
« sérieuses ; mais tout le corps entier de la vie
« n'est qu'en passant, et comme sans y penser ;
« c'est un présupposé à quoy ne faut plus son-
« ger : ce qui n'est qu'accident leur est prin-
« pal, et le principal ne leur est qu'accessoire.
« Ils s'affectionnent et roidissent à toutes choses,
« les uns à amasser sciences, honneurs, di-
« gnitez, richesses ; les autres à prendre leur
« plaisir, chasser, jouer, passer le temps ; les
« autres à des spéculations, fantaisies, inven-
« tions ; les autres à manier et traiter affaires ;
« les autres à autres choses, mais à vivre ils
« n'y pensent pas. Ils vivent comme insensible-
« ment estant bandez et pensifs à autres choses.
« La vie leur est comme un terme et un délay
« pour l'employer à autre chose. Or, tout cecy
« est très-injuste ; c'est un malheur et trahison
« à soy mesme : c'est bien perdre sa vie et
« aller contre ce qu'un chacun se doit, qui est
« de vivre sérieusement, attentifvement et
« joyeusement (1). »

Affranchi des idées vulgaires et guidé par

(1) *De la Sagesse*.

de sages principes, fais du bonheur la grande affaire de la vie. Dans le monde, il est des hommes que rend fiers le sentiment de leurs forces. L'un te dit : « Le succès couronne mes entreprises, je suis certain d'acquérir des richesses immenses. » Un autre : « Je poursuis ma rapide carrière, tous les obstacles sont vaincus, j'atteindrai au faîte des honneurs. » Dis avec plus de fierté : « Et moi, je compterai des jours heureux ! »

Mais, pour jouir du bonheur, gardons-nous d'aspirer à la félicité parfaite. L'art qui nous occupe ne la fera point descendre du ciel ; il se réduit à nous indiquer les situations desirables, à nous guider vers elles, et souvent à nous distraire des chagrins de la vie. La plupart des hommes pourraient se trouver bien ; ils sont mal, parce qu'ils veulent être mieux. Une insigne folie est de ne voir que les désagrémens de sa situation, et je pense qu'il est d'un bon esprit de s'en exagérer un peu les avantages.

Cherchons quels biens sont nécessaires, et qu'ensuite tous nos desirs se dirigent vers eux. Mais, pour apprendre à les connaître, si je consulte les hommes que j'aperçois dans le tourbillon du monde, quelle foule d'objets ils vont nommer! si j'interroge d'austères moralistes, combien de sacrifices ils voudront m'imposer! Incertain, agité, je sens que mes forces sont également impuissantes pour réunir tout ce que les premiers exigent, et pour m'arracher à tout ce que les autres dédaignent.

Observons sans esprit de système, et nous reconnaîtrons que, dans la vie, les biens essentiels sont la tranquillité d'âme, l'indépendance, la santé, l'aisance et l'affection de quelques-uns de nos semblables. Essayons d'obtenir ces biens : ils sont nombreux, difficiles à réunir; et cependant, s'ils bornaient l'ambition des hommes, quel changement heureux serait opéré sur la terre!

CHAPITRE III.

DE LA TRANQUILLITÉ D'AME.

Par le mot tranquillité, je désigne cet état où l'âme, exempte de nos faiblesses, goûte le calme heureux qu'elle doit à son élévation. Inaccessible aux orages, elle reçoit les émotions qui naissent des plaisirs purs, et suit les mouvemens généreux qu'inspirent les vertus. La tranquillité n'est l'indifférence qu'aux yeux du vulgaire. Un sentiment doux et flatteur de l'existence l'accompagne; on peut, avec une juste fierté, penser aux causes qui la produisent ; sans raisonner, on en jouit, on la respire : elle est la volupté du sage.

Une conscience pure est la source de ce calme enchanteur. Vainement essayerait-on de voiler son égoïsme, et de n'entendre que des discours adulateurs. Il faut pouvoir se dire : « J'ai cherché quelquefois l'occasion d'être utile, j'ai toujours accueilli ceux qui sont venus me l'offrir. »

— Une condition également nécessaire... Lecteurs frivoles, enthousiastes de maximes brillantes, vous avez pu jusqu'ici ne me traiter que de rêveur ; mais de quels noms allez-vous m'accabler ? Cette condition est de fermer son âme à l'ambition.

Je ne viens point déclamer contre cette passion, si répandue qu'elle est presque universelle ; je n'exposerai que des idées fort simples. Consacrer au bonheur le plus de jours qu'il est possible, perdre le moins d'instans qu'on le peut en desirs inquiets, c'est suivre les premières leçons de la philosophie pratique. « Brille, captive la fortune, » répétez-vous sans cesse à votre élève. Eh ! si le malheureux vous écoute, il va consumer sa vie dans les desirs. Je dis au mien : « Jouis sans retard. » Mais alors, s'écrie-t-on, vous voulez qu'il végète, et ne puisse franchir les bornes d'un cercle étroit. Je veux y réunir pour lui presque tous les plaisirs du cœur, de l'esprit, de l'imagination, et même les vrais plaisirs des sens : hors de là, que trouverait-il ? Les plaisirs de la vanité.

J'admets qu'ils sont vifs, enivrans; mais, forcé de choisir entre des biens qui s'excluent, j'examine quels soins il en coûte pour les obtenir, et quels charmes ils donnent à la vie. Si je cède à l'ambition, je dois fuir ma retraite, renoncer aux plaisirs qu'une famille, des amis, de libres occupations, y renouvellent chaque jour : plus de douces rêveries; je ne vivrai plus avec moi; je laisse, avec l'obscurité, le repos et l'indépendance.

Quel sort m'est réservé, si je n'obtiens jamais ces honneurs dont l'éclat m'a troublé? Grâce à mon active persévérance, je les possède enfin! Combien de jours en jouirai-je? Ils ne me seront point enlevés : combien de fois, assiégé d'alarmes, gémirai-je au souvenir d'un imprudent échange!

Connaissez les jours vraiment heureux pour celui que l'ambition agite. Ce sont les jours de jeunesse et d'inexpérience où, formant ses vastes projets, aplanissant en imagination les obstacles, il embellit de ses rêves la carrière qu'il brûle de parcourir ; mais, trop souvent, les biens que l'ambition fait briller à nos yeux ressemblent à ces peintures qui, vues de loin, représentent des scènes enchanteresses, et n'offrent que des traits hideux à celui qui les touche.

Je sais éviter l'exagération : les moralistes nous trompent lorsque, peignant les vertus et les vices, ils placent d'un côté le bonheur sans mélange et de l'autre le malheur absolu. Au centre même des inquiétudes, malgré ses desirs, ses regrets, l'ambitieux goûte encore des instans de plaisir et d'ivresse. Lecteur, c'est le bonheur que nous cherchons. Si l'on ne veut que s'étourdir, les conseils deviennent inutiles ; si l'on ne cherche que des plaisirs, ils varient à l'infini, pénètrent dans toutes les situations, s'approprient à tous les caractères. Cet hypocrite, cet envieux, cet avare, n'ont-ils que des tourmens ? Observons le misanthrope qui répète sans cesse que, dans ce monde peuplé d'êtres pervers, l'existence est un poids odieux. Cet homme a des plaisirs. Chaque invective qu'il lance est un éloge qu'il se donne ; en nous rabaissant, il s'élève à ses yeux, et s'applaudit de retrouver en soi les qualités qui nous manquent. Rencontre-t-il un partisan de ses principes ? qu'il est doux pour deux misanthropes de se communiquer leurs découvertes, et de faire assaut de sarcasmes contre le genre humain! Trouve-t-il un antagoniste? exercer la contrariété est un plaisir qui le charme; et, comme il a la voix haute, que d'ailleurs, en parlant des sottises humaines, on ne manque ni de faits, ni d'argumens, il sort tout fier d'une lutte qu'il était ravi d'engager.

Non-seulement l'ambitieux a des plaisirs qui souvent éblouissent; peut-être en a-t-il d'inconnus, que l'on découvrirait en l'observant profondément. L'ardent desir du succès nous fait trouver des charmes dans les efforts que nous tentons pour réussir; et les actions viles, ridicules ou révoltantes d'un ambitieux sont des moyens essentiels pour atteindre son but. Il est possible qu'une bassesse extraordinaire cause à celui qui la fait une sorte d'orgueil, par cela même qu'elle est extraordinaire. Enfin, il est trop vrai que le plaisir peut se mêler aux caprices les plus bizarres, aux vices les plus honteux, aux crimes les plus atroces.

Pauvres humains! nous attachons des idées de grandeur à l'ambition, et nous ne voyons pas qu'elle naît de la faiblesse. S'affranchir des erreurs communes, se créer de sages principes, et faire plus, oser les suivre, voilà ce qui prouve de la force. Mais avoir besoin d'éblouir le vulgaire, devancer en rampant d'autres hommes et leur disputer des hochets, cela supposerait une grande âme ! Il y a souvent de la folie dans nos raisonnemens, et de la niaiserie dans notre enthousiasme.

De pitoyables erreurs font envier l'autorité ! Les hommes puissans sont bien heureux, dit le vulgaire ; tous leurs desirs se réalisent ! Une épitaphe sublime est celle du comte de Tessin (1). Il parcourut la carrière de la fortune, du pouvoir, et, près de mourir, il ordonna de graver sur sa tombe ces mots : *Tandem felix !*

Je ne déclame point si je dis que rien ne rend la vie plus douce que de la passer parmi des hommes dont les idées sont justes, le cœur droit, les mœurs franches ; au milieu d'eux, on est environné d'une atmosphère où l'on respire librement. Pour obéir à l'ambition, condamnez-vous à vivre entouré d'intrigans avides, inquiets, faux, vindicatifs, et souvent unissant l'insolence à la bassesse. Exercez-vous à mépri-

(1) Ministre suédois.

ser vos premiers amis, remaniez votre âme, car vos tourmens seraient centuplés, s'il vous restait quelque réminiscence de l'honneur.

On ne sort point d'une société d'égoïstes intrigans tel qu'on y est entré; on y devient ou plus pervers ou meilleur. Dans l'âge de l'inexpérience où l'on effleure la superficie des objets, on se laisse aisément éblouir à cette dangereuse école. Mais elle peut être un utile moyen d'études pour l'homme dont le caractère est ferme et l'esprit exercé. Là se confirment tous ses principes; il observe, tantôt avec effroi, tantôt avec dégoût, les tristes résultats des passions séduisantes; là il entend des hommes, dont tous les vœux paraissent accomplis, regretter les temps de leur obscurité. Vaines paroles, objectera-t-on, aucun d'eux ne consentirait à descendre de son rang. Je le crois, et c'est le comble du malheur que de ne pouvoir supporter le repos lorsqu'on a vécu longtemps sur une scène agitée.

On accuse les philosophes d'avoir peint les grandeurs sous un aspect défavorable pour se consoler de ne pas en jouir. C'est oublier leur histoire : tous ont vu de près la puissance; la plupart d'entre eux l'ont exercée et lui ont dû l'infortune. Aristote instruisit le fils de Philippe, et Platon visita la cour des rois. Cicéron obtint le titre de père de la patrie ; et le peuple, sauvé par son éloquence, vit sa tête sanglante jetée sur la tribune aux harangues. Sénèque mourut par l'ordre de Néron, que ses conseils avaient d'abord rendu l'espoir et l'amour des Romains. Boëce, trois fois revêtu de la pourpre consulaire, écrivit dans un cachot les consolations qu'inspire la philosophie, et déposa son livre au pied de l'échafaud. Marc-Aurèle honora le trône du monde par les vertus modestes qui semblent ne rester pures que dans l'obscurité. Descartes accepta l'asile que lui offrit une reine. Et vous aussi, divin Fénelon, vous fûtes élevé à de hautes dignités : elles attirèrent des calomnies sur vous, elles causèrent les amertumes de votre vie, et vous avez dû à la sagesse vos jours heureux et votre gloire !

Souvent, l'espoir d'être utile détermine un homme de bien à s'élancer au milieu des orages de la société pour défendre l'intérêt public ; c'est un devoir sacré qu'il va remplir, dût-il en être victime, et son dévouement est l'opposé de l'ambition. Mais, quand les émolumens d'un emploi fastueux nous séduisent, évaluons notre repos, évaluons notre indépendance, et n'échangeons pas des trésors contre une somme légère.

Il était sage ce Persan qui, sollicité par d'avides parens de quitter sa retraite pour accepter des honneurs et des richesses qu'une main amie lui offrait, répondit : « Lorsque j'étais « enfant, mon père me fit cadeau d'un sequin. « Je vis sur la boutique d'un petit marchand « une feuille de clinquant très brillante, et « pour l'avoir, je donnai mon sequin. C'est un « marché du même genre que vous me proposez ; je ne suis plus un enfant, et je ne donne « plus de l'or pour du clinquant. »

L'homme est toujours maître de s'assurer le témoignage de sa conscience, et de voir en pitié les chimères de l'ambition ; mais il y a de plus fortes épreuves à supporter. La vie ne se passe point sans qu'on subisse des pertes déchirantes ; lorsque le sage en est victime, peut-il conserver sa tranquillité d'âme ?

CHAPITRE IV.

DU MALHEUR.

Que nos principes n'aient rien d'exagéré, si nous voulons qu'on les suive. Il est des maux contre lesquels les secours de la raison et ceux même de l'amitié sont impuissans. Laissons gémir l'infortuné qui vient de perdre un être dont la vie se confondait avec la sienne; le temps seul peut affaiblir sa douleur. Rendre l'homme impassible, ce serait changer sa nature; et quel avantage en résulterait-il? Stoïcien austère, qui vois avec dédain ma faiblesse, si tu rends mon âme indifférente aux coups les plus affreux du sort, quelle sensibilité lui laisseras-tu pour jouir du bonheur (1)?

(1) Il suffit d'exagérer la morale, de la rendre impraticable, pour que beaucoup de gens s'écrient qu'elle est sublime. On admire le disciple des stoïciens, affirmant qu'il supporterait de sang-froid les pertes les plus cruelles; on ne

Rien de plus absurde que les discours par lesquels on veut consoler celui qui regrette, ou son enfant, ou sa femme, ou son ami. Tous les raisonnemens échouent contre ces mots : Je l'ai perdu ! — Votre malheur, me dit-on, est sans remède. — Eh ! s'il y avait un remède, au lieu de gémir, je l'emploierais ; c'est parce qu'il n'y en a point que je verse des larmes. — Elles sont inutiles. — Elles servent à me soulager. — Votre enfant est heureux, il n'a pas connu les peines de la vie. — Je voulais lui en faire connaître les plaisirs. — Dans le cours d'une longue carrière, votre ami donna l'exemple de toutes les vertus. — C'est pour cela que je dois le regretter sans cesse.

La plupart des hommes exagérant leurs regrets, payant tribut aux bienséances plus qu'à la nature, de frivoles distractions leur suffisent. Mais souvent on fait subir des consolations ty-

---

s'aperçoit pas que ses discours sont précisément ceux du personnage qui dit, en parlant de Tartuffe :

> De toute affection il détache mon âme ;
> Et je verrais mourir frère, enfans, mère et femme,
> Que je m'en soucierais autant que de cela.

ranniques à ceux dont l'âme est profondément déchirée : ils ont besoin de gémir en liberté. La solitude exalte l'imagination, mais elle inspire des idées consolantes. En s'y réfugiant, un être désolé se rapproche de celui qu'il regrette; il le voit, il lui parle, il l'invoque. Ainsi, une intelligence bienfaisante proportionne ses secours à nos peines; et l'infortune extrême réveille les plus hautes espérances.

La douleur est, plus qu'on ne le suppose, ingénieuse à se consoler elle-même. Toujours nous essayons de calmer nos souffrances; seulement nous employons des moyens différens, selon que nos blessures sont légères ou profondes. Deux personnes ont perdu leur ami; l'une s'éloigne des lieux qu'il habitait, se distrait et cherche à l'oublier; l'autre reste, et, par les souvenirs dont elle s'environne, cherche, pour ainsi dire, à le faire revivre.

La mort d'une personne aimée est peut-être le seul malheur réel : qu'on l'éprouve après diverses infortunes, on sent qu'on ne connaissait pas encore la douleur. Mais s'il est un genre de malheur sous lequel nos forces succombent, qu'il obtienne seul ce funeste triomphe : dans les autres revers, on doit trouver en soi des ressources contre l'adversité; on peut toujours s'y soustraire ou s'y résigner.

Tous les moralistes ont écrit sur la manière dont le sage doit considérer les peines de la vie. Sans me jeter dans les lieux communs pour développer leurs maximes, souvent plus imposantes que faciles à pratiquer, je vais offrir le précis de ma philosophie.

Il faut se dire chaque jour : « Être passager, que tant de périls menacent, ne rêve point un bonheur sans mélange. Hâte-toi de goûter les momens heureux, des jours tristes vont peut-être les suivre. Ignore les peines qui n'existent que dans l'opinion; arme-toi de courage pour éloigner les autres; et, s'il faut les subir, que la résignation, fermant tes yeux sur le passé, assure encore ton repos lorsque le bonheur s'enfuit. »

Je parcours de nouveau ces conseils pour leur donner quelques développemens. Si j'en crois nos sages, la tranquillité d'âme est le résultat de l'organisation et des circonstances : on la doit bien plus encore à la réflexion.

Plaignons celui qui, s'abandonnant aux souges du plaisir, oublie de prévenir un funeste réveil. J'ai connu des femmes qui ne semblaient formées que pour respirer le bonheur. Aux avantages que donnent la jeunesse, l'esprit et la beauté, venaient s'unir pour elles ceux que procurent le rang et les richesses. Aux plaisirs dont une foule brillante les environnait dans l'âge de l'inexpérience, plusieurs savaient allier les plaisirs plus doux d'épouse et de mère. Rien ne les avait averties que leur sort pût jamais s'obscurcir. Tout à coup des cris épouvantables ont frappé leur oreille ; des bourreaux ont paru, et leur ont dit : « Montez à l'échafaud ! »

Ces grandes catastrophes, ces revers éclatans, sont rares : mais, quels que soient ceux qu'on éprouve, ils sont encore trop difficiles à supporter, s'ils n'ont jamais été prévus. Pensons quelquefois au malheur, comme on pense au caractère des personnes avec lesquelles on pourra se trouver obligé de vivre un jour.

C'est la nouveauté seule qui rend nos émotions très-vives. Le Poussin, dans son tableau d'*Eudamidas*, a peint avec fidélité le cœur humain. La jeune fille s'abandonne au désespoir:

à demi couchée sur la terre, elle laisse tomber sa tête sur les genoux de la vieille mère du mourant. Celle-ci est assise : son attitude annonce la méditation ainsi que la douleur; au travers de ses larmes, on aperçoit encore la fermeté sur son visage. De ces deux femmes, l'une est à son premier essai du malheur; l'autre a fait un long apprentissage des peines de la vie.

La réflexion donne une expérience anticipée. Elle ôte au malheur cet air de nouveauté qui le rend effrayant. Quand le sage éprouve un revers, sa nouvelle situation lui est déjà connue; il en a jugé les peines et prévu les consolations : quelque demeure qu'on lui donne, il n'aura dans aucune l'embarras d'un étranger.

Faibles combattans, jetés dans l'arène du monde, n'attendons pas que le sort ait porté ses coups; nos blessures seraient douloureuses et lentes à cicatriser. Émoussons d'avance les traits du malheur; s'ils nous atteignent, ils ne pourront nous déchirer.

Mais, en songeant aux douleurs qui peut-être éprouveront un jour notre courage, que jamais les alarmes ne troublent le présent. De toutes les qualités, la prévoyance est la plus difficile à régler : qu'on en ait peu, on tombe dans quelque revers; qu'on en ait trop, on est toujours misérable.

L'épicurien se prépare à des périls douteux, de manière à donner au plaisir un attrait plus vif. Il sent mieux le prix des momens que lui laisse le sort; il dissipe les craintes qui pourraient en altérer la paix. Je ne sais quelle sombre philosophie condamne les maximes qui nous invitent à tirer de l'incertitude de notre destinée un motif pour embellir l'instant dont nous pouvons jouir. Êtres passagers, autour desquels tout s'agite et tout change, adoptons ces maximes; aidons les hommes qui nous entourent à les mettre en pratique; rendons heureux ceux dont le sort est en notre pouvoir; demain, peut-être, il ne serait plus temps.

Comme si la nature n'avait pas semé d'assez de peines notre courte carrière, les hommes en ont inventé de nouvelles. Nées de leurs préjugés, de leur vanité puérile, elles leur semblent quelquefois plus difficiles à supporter que les maux véritables. Tel qui montra du calme dans des situations périlleuses, ne dort plus parce qu'on a négligé de lui envoyer une invitation pour une fête, ou parce qu'on lui refuse un ruban qu'il voudrait ajouter à deux autres. La femme et le fils d'Edmond sont atteints d'une maladie grave : je le rencontre pâle, soucieux ; tandis que je cherche quelque espérance à lui donner, il m'apprend le sujet de ses inquiétudes : il sort de chez un grand seigneur, c'est la seconde fois, sans être reçu ! il ne peut plus douter d'un refroidissement, dont il se perd à démêler la cause.

Pour échapper à des angoisses ridicules, adoptons un principe qui ne sera pas moins vrai, quoique je l'exprimerai d'une manière triviale : plus des trois quarts et demi des choses de ce bas monde ne valent pas la peine qu'on ait une volonté. J'ajoute que, même dans les affaires qui paraissent importantes, on doit peu craindre de se confier au hasard : il est souvent plus sage que nos calculs. S'il décide d'une manière qui nous semble fâcheuse, différons encore d'accuser la fortune. J'ai vu Gercour monter radieux au ministère, son élévation assurait le bonheur de sa vie : trois mois d'autorité lui valurent les longues persécutions dont s'indignèrent ceux même qui détestaient son insolence. J'ai vu Ferville désolé de ne pas obtenir la main d'une jeune personne à qui les entreprises de son père promettaient une fortune immense. Beaucoup d'activité, d'intelligence et de mauvaise foi n'ont pu soutenir ces vastes entreprises; et Ferville partagerait aujourd'hui la misère d'une famille déshonorée. Tel événement nous enchante, tel autre nous désespère; l'avenir dira lequel est funeste.

Toutefois, il est des dangers réels; je ne suis point impassible, et ne sais pas attacher du mérite à me trouver par insouciance dupe des hommes ou du sort. La philosophie la plus simple est aussi la plus haute. Dans la plupart des circonstances, restons tranquilles, insoucians, et laissons au hasard le soin de nous conduire. Dès qu'un péril évident nous menace, réunissons nos forces; et, pour le détourner, luttons avec courage. Si, malgré nos efforts, l'adversité nous atteint, l'audace ne peut la vaincre; il est d'autres secours dont la sagesse doit enseigner l'usage.

Combien d'hommes ignorent le prix de la résignation, et la confondent avec la faiblesse!

Elle est peut-être le genre de courage le plus rare. L'homme, cependant, la reçoit de la nature; ce sont les desirs, les inquiétudes, dignes fruits d'une éducation ambitieuse, qui font perdre à l'âme sa force première. Je lis toujours cette anecdote avec émotion : Un sauvage, voguant sur le fleuve de ses déserts, fut entraîné par la rapidité du courant vers un abîme. L'infortuné rama d'abord avec une incroyable vigueur pour échapper au danger; mais bientôt, jugeant que ses efforts étaient inutiles, il posa la rame, se coucha dans son canot, et, quelques minutes après, disparut sous les vagues. Dans tous les genres de dangers, essayons d'imiter le sauvage : tant qu'il conserve de l'espoir, il lutte avec ardeur, et, dès qu'il n'en a plus, il s'endort sur le péril.

On nous dit follement de lutter contre les revers; il faudrait nous apprendre que la résignation a des charmes. Elle fait plus que voiler l'image de nos pertes; hâtant l'ouvrage du temps consolateur, elle nous fait ouvrir les yeux sur les biens qui nous restent; elle précède l'espérance, comme le crépuscule paraît avant l'aurore.

C'est en examinant chaque jour quelques principes de conduite, qu'on donne un grand empire à sa raison, et qu'on apprend à tirer le parti le plus avantageux de toutes les situations de la vie. Les philosophes grecs possédaient l'art d'être heureux : mais aussi, la connaissance des vrais biens, les avantages de l'élévation d'âme, le danger des passions, tels étaient les sujets ordinaires de leurs méditations et de leurs entretiens. Ils ne cédaient moins que nous aux douleurs de la vie que parce qu'ils avaient une plus longue habitude de la réflexion.

Parmi les hommes qui maintenant paraissent occupés du bonheur, les uns ne songent qu'à multiplier leurs jouissances physiques; bornés à des sensations grossières, ils différeraient peu des brutes s'ils ne parlaient de ce qu'ils mangent. D'autres, plus sensés, demandent des plaisirs aux lettres, aux beaux-arts; mais ils ne cultivent que leur esprit; et, pour s'être élevés au-dessus du vulgaire, ils ne sont pas toujours dans une situation plus douce que la sienne. De nos jours, les hommes les plus rares sont ceux qui veulent être véritablement hommes, qui s'étudient à perfectionner leur caractère, à développer les germes de modération et d'insouciance, de courage et de résignation, déposés dans leurs âmes par la main de la Divinité.

CHAPITRE V.

DE L'INDÉPENDANCE.

Il est plusieurs genres de liberté. Celui que nous devons à l'équité des lois, sans être indispensable au sage, rend son bonheur plus facile. Quelle que soit la divergence de leurs opinions politiques, tous les hommes ont le désir d'être libres : chacun d'eux craint de se trouver soumis aux caprices de ceux qui l'entourent, et la soif du pouvoir est encore l'ardeur de l'indépendance.

Avec quel intérêt nous lisons dans les voyageurs quelques détails sur des peuplades presque ignorées, inconnues à l'histoire, et dont la liberté, les mœurs pures, nous attendrissent et nous étonnent! Dans la Grèce, où le charme des souvenirs rend plus hideux l'esclavage, combien d'émotions on éprouve en visitant la petite île de Casos, qui n'a point subi le joug ottoman! On y retrouve les usages des anciens Grecs, leurs costumes, leur beauté, leur naturel aimable et fier : cette île n'est qu'un rocher, mais ses écueils l'ont défendue contre la tyrannie. En nous parlant d'une peuplade heureuse, on nous émeut, alors même que nos mœurs sont corrompues. Ainsi de riches citadins qui fuient la campagne, comme un lieu d'exil, aiment à voir dans leurs salons les tableaux qui représentent des paysages et des fleurs.

Que notre imagination cependant ne soit pas trop prompte à s'enflammer aux récits des voyageurs. Si nous habitions un de ces coins de terre où la félicité semble avoir choisi son asile, des usages nouveaux, des mœurs et des plaisirs qui nous sont étrangers, nous y feraient peut-être périr de regret et d'ennui. Lorsque, dans notre enfance, on nous vantait les prodiges de Sparte et de Rome, chacun de nous ambitionnait d'être né dans ces républiques fameuses. Hélas! sous leurs gouvernemens, peut-être eussions-nous desiré moins de gloire et des jours plus paisibles.

Insigne folie que celle des hommes qui vont, loin de leur patrie, à la recherche du bonheur!

Presque tous, trompés dans leurs espérances, après avoir longtemps erré à travers les dangers, meurent de misère et de regret sur une terre inhospitalière. Cet adage, bien différent d'un autre plus connu, cet adage, *ubi patria ibi bene*, doit être non-seulement celui des grandes âmes, mais encore celui des cœurs sensibles (1). Quelques mœurs et quelques talens qu'on porte dans une autre contrée, on y est un étranger. Les usages qu'on adopte sont nouveaux pour soi ; les sites ne réveillent point de souvenirs qui les embellissent, et l'on ne trouve dans le cœur d'aucun homme une vieille amitié. Toujours on regrette les lieux où l'on a connu les premiers plaisirs et les premières peines ; lieux chéris où l'on a commencé d'aimer ! Si, ramené par un sentiment puissant, on les revoit après une longue absence, quelles douleurs on s'est préparées ! On revient étranger dans sa patrie. On demande ses parens, ses amis ; tous les coups dont on aurait été

(1) Une erreur très répandue, c'est qu'on n'a de patrie que sous tel ou tel gouvernement. Une mère souffrante et pauvre n'en est pas moins une mère ; la patrie peut être opprimée, mais elle est toujours la patrie.

frappé à de longs intervalles, on les reçoit en un instant : on n'est revenu que pour pleurer sur le tombeau de ses pères!

La retraite et la médiocrité peuvent donner partout une véritable indépendance. Le sage, quand il ne peut affranchir son pays, supporte des lois rigoureuses, des ordres injustes, comme il cède aux caprices du sort. Mais souvent il échappe à la puissance; il sait se garantir des relations qui multiplieraient ses devoirs et ses chaînes : obscur, il vivrait libre près de Constantinople.

Un autre genre de liberté est celui dont on jouit lorsque, sans état, sans affaires, on dispose de tous ses momens. Ce genre de liberté vaut ce qu'on le fait valoir. Fatigant pour les hommes inoccupés, il a pour d'autres d'heureux avantages. Qu'il est doux de se dire au réveil : Cette journée est à moi! Avant de se lever, un épicurien passe une heure charmante en songeant aux plaisirs qui naissent de cette indépendance.

Mais, s'écrient les moralistes, il faut acquitter sa dette, il faut se rendre utile à la société. Que de gens répètent cette phrase, et, dans les places qu'ils sollicitent, ne considèrent que les émolumens et les honneurs ! Pour être utile à ses semblables, je ne puis voir la nécessité d'exercer un état, d'occuper un emploi. Ne dites point que ma morale est dangereuse, qu'elle priverait la société des secours que lui doivent ceux qui la composent. Soyez sans alarmes, vous ne manquerez jamais de chefs pour vous maîtriser, de gens de finance et de gens de justice pour vous dépouiller, ni de médecins pour vous délivrer des peines répandues sur vos jours.

Cet homme qui s'empresse de servir ceux qu'il peut obliger, qui paraîtrait avec éclat sur les routes de l'ambition ; mais qui, modeste et fier, studieux et libre, vit heureux au sein de la retraite, cet homme n'a-t-il rien fait pour acquitter sa dette? l'exemple de son désintéressement est-il donc inutile à la société?

Gardons-nous, toutefois, d'estimer trop un genre d'indépendance facile à perdre, et dont la plupart des hommes ne jouissent jamais. Si, pour acquérir un peu d'aisance, je suis contraint de sacrifier chaque jour quelques heures, je saurai me dédommager en jouissant des autres, et je conserverai beaucoup de temps, beaucoup de liberté d'esprit, parce que je chercherai à vivre et non à m'enrichir.

Je serais peu difficile sur le choix d'un état. J'exclurais seulement ces emplois lucratifs dont l'inquiétante responsabilité troublerait mon sommeil, et ces places où l'on est forcé d'ajouter au soin de les remplir le travail plus difficile de les conserver.

Obligé de renoncer à mon entière indépendance, aux douces habitudes que je m'étais formées, je n'attacherais nul intérêt à choisir mes occupations. Ne faisant plus ce que je veux, il m'est indifférent de faire telle chose ou telle autre.

Je croirais cependant essentiel de considérer avec quels hommes une place oblige à vivre. Je ne voudrais, pour rien au monde, être avocat ou procureur. J'aurais des fonctions fort respectables sans doute ; mais chacun parle de son état, surtout les gens de loi ; je ne m'accoutumerais pas à vivre entouré d'hommes qui m'entretiendraient perpétuellement de procès, de débats, et de tout ce qu'il y a sur la terre de plus affligeant et de plus ridicule.

Par épicuréisme, je voudrais une place obscure. Il me faudrait moins de temps pour l'obtenir, moins de peines pour la conserver. Exempt des inquiétudes qu'inspirent les vastes travaux, et des ennuis qui suivent l'importune étiquette, je retrouverais chaque soir mon indépendance absolue; j'en jouirais sans nul souci du lendemain. Je me plairais quelquefois à lui donner un charme plus vif, en songeant à l'agitation, aux regrets, aux alarmes de ceux qu'emporte le tourbillon du monde; et je croirais alors ressembler à ce Romain qui, pour s'endormir voluptueusement, faisait placer son lit sous une tente, et sommeillait au bruit des orages.

Oh! combien la frivolité blâmerait mes principes! elle me prédirait un tardif repentir. Je me bornerais à répondre : « Dans les premiers et dans les derniers rangs de la société, je n'ai vu que gens fatigués de leur sort. Si je dois être un jour mécontent du mien, j'aurai du moins l'avantage de n'avoir pris aucune peine pour me trouver dans la situation où les autres hommes arrivent après de grands efforts. »

Dirigeons enfin nos regards vers le genre de

liberté le plus utile, le seul peut-être qui nous soit nécessaire : il résulte de notre empire sur nous-mêmes. Tels sont ses avantages qu'il fait oublier la perte des autres, et que jamais les autres ne le remplacent.

De quelle liberté pourrait jouir cet homme que l'ambition subjugue? Un geste, un coup d'œil, un sourire, l'effraient et lui font chercher en tremblant ce que présagent ces signes, échappés sans intention à ses maîtres. Ce serait peu de bannir les passions tyranniques. Voyez ce riche qui sans cesse dépend d'une foule de valets et d'ouvriers auxquels il paraît commander. Il ne sait agir qu'à l'aide de plusieurs personnes; il est aux ordres de son coiffeur, plus que cet homme n'est aux siens; son tailleur le retarde; et, quand son cocher est prêt, ses chevaux peuvent encore l'empêcher de sortir.

Quelque genre de liberté que nous considérions, le plus sûr moyen pour en jouir est d'avoir peu de besoins. Mais, comment les restreindre? Le vulgaire ne trouverait le bonheur que dans une contrée où cette question serait inutile, où les objets qui nous séduisent étant inconnus, la médiocrité ne pourrait causer de regret, ni la sagesse exiger d'effort. Parmi nous, il reste aux âmes élevées deux moyens de contracter peu de besoins.

D'austères philosophes ont repoussé les plaisirs qu'ils n'espéraient pas obtenir toujours. Réduits au nécessaire, ils se trouvaient dédommagés de quelques privations par la certitude d'être à l'abri d'une foule de peines et par le sentiment de leur indépendance. Ce moyen est le plus sûr, et presque tous les hommes qui tenteront d'employer l'autre différeront du vulgaire par leurs principes plus que par leur conduite.

Mais, combien d'objets dont l'attrait éveille les desirs n'ont rien de nuisible, si nous pouvons toujours en détacher notre âme ! Il est donc une manière plus sage de borner ses besoins : elle exige une rare élévation d'âme, une philosophie parfaite; osons cependant l'adopter.

Tandis que les plaisirs nous environnent de leurs songes légers, que la raison nous dise : Un instant les dissipe ! Soyez prêts, s'ils s'enfuient, à trouver une volupté nouvelle dans le sentiment de votre fermeté, de votre mâle indépendance. Régnez sur les plaisirs : mon héros est celui qui les accepte quand ils viennent s'offrir, et qui dédaigne un vain desir, alors qu'ils disparaissent.

Alcibiade, reçois mon hommage! Disciple des grâces et de la sagesse, je t'admire en te voyant étonner tour à tour la Perse par ton faste, et Lacédémone par ton austérité. Tu changeais sans cesse de caractère et de principes, disent tes détracteurs. Je te vois toujours le même, toujours supérieur aux hommes qui t'environnent. Une trempe d'âme telle que la tienne est la plus forte; ainsi que les tempéramens les plus robustes sont ceux que n'altèrent ni la violence de la chaleur ni l'âpreté du froid.

CHAPITRE VI.

DE LA SANTÉ.

La santé suit la modération, l'insouciance et la gaieté. L'éternelle sagesse a voulu que les émotions qui troublent nos jours fussent propres à les abréger ; et que celles qui les rendent heureux fussent encore celles qui les prolongent.

Cependant, si la nature pouvait être injuste, je l'aurais accusée quelquefois de punir avec trop de sévérité les erreurs de l'inexpérience. Il en est de la vie comme de tous les biens, on les dissipe tant qu'on les croit inépuisables.

J'ai vu des jeunes gens d'un bon cœur et d'un esprit aimable, emportés par la fougue de l'âge, fiers de se croire disciples d'Épicure, essayer de compter tous leurs instans par des plaisirs. Prodigues de la vie, souvent ils répétaient qu'ils la voulaient *courte et bonne* (1). Jeune aussi, je trouvais séduisante cette espèce d'audace, cette insouciance absolue de l'avenir. Je les ai vus, avant trente ans, sur le lit de souffrances qu'ils ne devaient plus quitter, rappeler un reste de courage pour parler de leurs fautes, tendre à leurs amis une main défaillante, leur jeter un regard douloureux, soupirer et s'éteindre.

Aux erreurs de la jeunesse succèdent celles de l'âge mûr. L'ambition, la cupidité, la haine, usent la vie. Les orages qui bouleversent les facultés morales détruisent les forces physiques; et toute passion vicieuse est un poison brûlant.

Quelle autre source de maux que ces inquiétudes, ces soucis puérils qui troublent la plupart des hommes! De petits intérêts les occupent, de vains débats les agitent; ils veillent pour des futilités, et des chimères les désolent.

Les émotions douces entretiennent la vie, et

---

(1) Ce mot était celui d'une des femmes les plus spirituelles de la cour du régent. L'infortunée fut servie à souhait.

produisent sur elle l'effet d'un souffle léger sur la flamme. Des pensées habituellement élevées, toujours sereines, et quelquefois rêveuses, donnent à l'âme la gaieté pure et vraie. Elle est parmi nous le trésor le plus rare ; et je conçois ce paradoxe, que les trois quarts des hommes meurent de chagrin (1).

Un médecin allemand a publié, sur l'art de prolonger la vie, un ouvrage rempli d'observations intéressantes. « Les philosophes, dit-il, « jouissent d'un doux loisir. Leurs pensées, « presque toujours étrangères aux intérêts vul- « gaires, n'ont rien de commun avec ces idées « affligeantes dont les autres hommes sont per- « pétuellement agités et rongés ; elles sont « agréables par leur variété, par leur vague li- « berté, et quelquefois par leur frivolité même. « Ils disposent de leur temps, livrés à des tra- « vaux de leur choix, à des occupations de leur « goût. Souvent, ils sont entourés de jeunes « gens dont la vivacité naturelle se communi- « que, et vient en quelque sorte les rajeunir.

(1) C'était l'opinion du médecin Élie de la Poterie, frère d'Élie de Beaumont.

« Toutefois il est, par rapport à la durée de la
« vie, une distinction à faire entre les différen-
« tes espèces de philosophie. Celles qui diri-
« gent l'âme vers des contemplations sublimes,
« fussent-elles un peu superstitieuses, comme
« celles de Pythagore et de Platon, sont les plus
« salutaires. Je placerais ensuite celles dont
« l'étude, embrassant la nature, donne des idées
« grandes, élevées, sur l'infini, sur les astres,
« sur les merveilles de l'univers, sur les vertus
« héroïques, et sur d'autres sujets de ce genre :
« telles étaient celles de Démocrite, de Philo-
« laüs, de Xénophane, des Stoïciens et des an-
« ciens astronomes. Je dois citer encore celles
« qui, moins profondes, au lieu d'exiger des
« recherches difficiles, semblent destinées seu-
« lement à plaire à l'esprit, et dont les secta-
« teurs, s'éloignant peu des opinions vulgaires,
« se contentaient de soutenir paisiblement le
« pour et le contre : telle était la philosophie
« de Carnéade et des Académiciens, auxquels
« on peut joindre les Grammairiens et les Rhé-
« teurs. Mais celles qui ne roulent que sur de
« pénibles subtilités, qui sont affirmatives, dog-
« matiques, tranchantes, qui contournent tous

« les faits et toutes les opinions, pour les rame-
« ner et les ajuster à certains principes fixes, et
« à certaines mesures invariables; enfin, qui
« sont épineuses et arides, étroites et conten-
« tieuses; celles-là sont funestes, et ne peuvent
« qu'abréger la vie de ceux qui les cultivent :
« de ce genre étaient la philosophie des Péripa-
« téticiens et celle des Scolastiques (1). »

Les passions tumultueuses et les soucis rongeurs sont deux sources de maux que la sagesse éloigne. Une autre encore est cette faiblesse d'esprit qui rend débiles, souffrans, ceux qu'elle inquiète sur leur santé. En s'imaginant qu'on est malade, on le devient; et la persuasion qu'on ne le sera point est un puissant préservatif.

J'ignore où s'arrête l'influence du moral sur le physique; elle est évidemment prodigieuse. Un commerçant reçoit de l'Inde une lettre qui lui annonce la perte de sa fortune; sa tête s'exalte, s'égare, ses jours sont en danger : nulle contagion n'a cependant atteint ce malheureux; sa pensée a détruit ses forces en un

(1) *De l'Art de prolonger la vie*, par Hufseland.

instant. On a vu des hommes, d'un esprit faible et borné, tomber malades, parce qu'on s'était fait un jeu cruel de leur persuader qu'ils avaient les symptômes d'une maladie grave. Puisque l'imagination peut bouleverser nos forces physiques, pourquoi ne pourrait-elle, dans certains cas, les rétablir? Beaucoup de faits prouvent qu'on peut en un instant recouvrer des facultés perdues dès longtemps, si une cause puissante vient opérer une résolution salutaire. Pendant le siége de Lyon, lorsque des bombes tombèrent sur l'hôpital, des paralytiques épouvantés se levèrent et s'enfuirent.

Le magnétisme fut, comme l'a dit Bailly, une grande expérience sur le pouvoir de l'imagination. Au moment de sa première vogue, tandis que les uns le regardaient comme un spécifique universel, et que d'autres le croyaient sans effet, de bons esprits l'appréciaient avec justesse. Je citerai ce fragment du rapport des commissaires de l'Académie des sciences :

« Nous avons cherché, disent-ils, à connaî-
« tre la présence du fluide magnétique ; mais ce
« fluide échappe à tous les sens. On nous a dé-
« claré que son action sur les corps animés était

« la seule preuve que l'on pût administrer de
« son existence. Les expériences que nous avons
« faites sur nous-mêmes nous ont fait connaî-
« tre que, dès qu'on détourne son attention, il
« n'y a plus aucun effet. Les épreuves faites sur
« les malades nous ont appris que l'enfance,
« qui n'est pas susceptible de prévention, n'é-
« prouve rien; que l'aliénation d'esprit s'op-
« pose à l'action du magnétisme, même dans
« un état habituel de mobilité des nerfs, où
« cette action devrait être plus sensible. Les
« effets qu'on attribue à un fluide que rien ne
« manifeste n'ont lieu que lorsque l'imagina-
« tion est avertie, et peut être frappée ; l'i-
« magination semble donc en être le principe.
« Il faut voir si on reproduira ces effets par le
« pouvoir de l'imagination seule : nous l'avons
« tenté, et nous avons pleinement réussi. Sans
« toucher, et sans employer aucun signe, les
« sujets qui ont cru être magnétisés ont senti
« de la douleur, de la chaleur, et une chaleur
« très-grande. Sur des sujets doués de nerfs
« plus mobiles, nous avons produit des convul-
« sions, et ce qu'on appelle des crises. Nous
« avons vu l'imagination exaltée devenue assez

« puissante pour faire perdre en un instant la
« parole. Nous avons en même temps prouvé
« la nullité du magnétisme, en le mettant en
« opposition avec l'imagination. Le magnétisme
« seul, employé pendant trente minutes, n'a
« rien produit; et aussitôt l'imagination mise
« en action a produit sur la même personne,
« avec les mêmes moyens, dans des circon-
« stances absolument semblables, une convul-
« sion très-forte et très-bien caractérisée. En-
« fin, pour compléter la démonstration, pour
« achever le tableau des effets de l'imagina-
« tion, également capables d'agiter et de cal-
« mer, nous avons fait cesser la convulsion par
« le même charme qui l'avait produite, par le
« pouvoir de l'imagination.

« Ce que nous avons appris, ou du moins
« ce qui nous a été confirmé d'une manière
« démonstrative et évidente par l'examen des
« procédés du magnétisme, c'est que l'homme
« peut agir sur l'homme à tout moment, et
« presque à volonté, en frappant son imagina-
« tion; c'est que les gestes et les signes les plus
« simples peuvent avoir les plus puissans ef-
« fets, c'est que l'action que l'homme a sur l'i-

« magination peut être réduite en art, et con-
« duite par une méthode sur des sujets qui
« ont la foi (1). »

Jamais ces vérités n'avaient acquis autant
d'évidence ; mais on savait que des guérisons
peuvent être produites par le seul secours de
l'imagination. Ambroise Paré, Boerhaave, et
un grand nombre d'autres médecins en ont
cité des exemples (2).

Il est digne de l'attention des moralistes et
des physiologistes d'examiner jusqu'à quel
point on pourrait obtenir des effets salutaires
en excitant l'imagination. Mais, peut-être, au-
rait-on bientôt à craindre un art périlleux, cette
faculté mobile et vive ne se laissant jamais plus
facilement émouvoir que lorsqu'on a recours
aux prestiges du charlatanisme et de la superstition.

Nous possédons une autre faculté, qui s'exerce
sans danger, et dont la puissance est capable

---

(1) *Exposé des expériences qui ont été faites pour l'examen du Magnétisme animal.*

(2) Ambroise Paré procura des sueurs abondantes à un
malade, en lui faisant croire qu'une drogue fort innocente
qu'il lui avait donnée était un sudorifique violent.

aussi d'opérer des prodiges. L'éducation rendant lâches la plupart des hommes, ils ignorent ce que peut une volonté forte ; elle peut nous garantir de beaucoup de maladies, et hâter la guérison de celles qui nous atteignent.

Dans les épidémies, les médecins qu'effraie le danger sont presque toujours les premiers qui succombent. La crainte nous plonge dans un état de faiblesse qui nous rend plus susceptibles de recevoir les impressions funestes ; tandis que la force du moral, se communiquant au physique, l'aide à repousser la contagion.

Des hommes, dont les noms paraîtraient d'un grand poids, si j'osais les citer, attribuent leurs guérisons, dans des maladies désespérées, au courage qui leur restait encore, aux efforts qu'ils ont faits pour retenir un souffle prêt à leur échapper, et pour se rattacher en quelque sorte à la vie (1).

Pechlin, Barthès (2) pensent que l'extrême désir de revoir une personne aimée peut retarder

---

(1) Un d'eux disait plaisamment : *Je serais mort tout comme un autre, si je l'avais voulu.*

(2) Voyez *Nouveaux Éléments de la science de l'homme.*

la mort. Cette idée est ravissante pour moi ! Je sens avec quelle ardeur on peut souhaiter de vivre encore un jour, une heure, pour revoir un être chéri. La flamme de l'amour vient alimenter celle de la vie, la remplacer pour ainsi dire ; le dernier vœu se réalise, et le plaisir consume une existence qui n'était prolongée que pour lui.

Ai-je besoin de dire qu'une volonté forte de guérir n'a point de rapport avec ce désir craintif que la plupart des malades éprouvent ? Produit par la faiblesse, il accroît l'inquiétude, aggrave le danger ; et l'indifférence lui serait préférable.

Certes, vous ne parviendrez pas plus à donner une volonté forte aux hommes qui vous entourent que vous ne réussirez à rendre leurs opinions sages ou leurs mœurs sévères : mais, si l'éducation nous pénétrait des avantages de la force d'âme, si dès l'enfance nous étions convaincus de son pouvoir, une volonté forte de guérir se confondrait avec le désir de vivre (1).

---

(1) Mais, dit-on, il est un instant où la volonté succombe. Eh ! pensiez-vous que je venais enseigner à ne pas mourir ? Tel

La médecine est encore si conjecturale, que la plus salutaire est, à mon avis, celle qui ne contrarie pas physiquement la nature, et qui la seconde par des moyens moraux. Peut-être même serait-il à desirer qu'on n'eût point l'ambition d'obtenir un jour des succès plus complets. Je veux croire que la médecine sera, dans quelques siècles, illustrée par d'étonnans progrès : mais, combien il faudra d'expériences! et, pauvres humains, qui fera les frais de ces expériences?

Indocile à l'opinion générale, j'estime beaucoup les médecins et fort peu la médecine. Le corps des médecins est celui où l'on trouve le plus d'hommes d'un esprit solide, d'une érudition variée, et, quoi qu'en disent les mauvais plaisans, de vrais amis de l'humanité. Mais on fait d'admirables raisonnemens sur les progrès futurs de leur science, et je vois qu'elle varie perpétuellement de principes, sans jamais chan-

---

secours n'est pas d'une utilité absolue, donc il est inutile; tel principe est impraticable dans telle circonstance, donc ses avantages sont illusoires : je ne puis trouver très concluante cette manière d'argumenter.

ger de résultat. Le système de Boerhaave est aujourd'hui rejeté : pense-t-on que, dans la pratique, ce docteur était plus malheureux que ne le sont nos professeurs ? Parmi les médecins qu'on peut actuellement consulter à Paris (1), il en est un qui purge à fortes doses, un autre qui s'obstine à saigner largement, un troisième qui dit : « Il faut attendre. » Chacun d'eux doit trouver effrayans les systèmes de ses confrères ; et je ne crois pas cependant qu'à la fin de l'année un d'eux ait à se faire plus de reproches que les autres (2).

(1) Écrit en 1811.
(2) Les faits de ce genre doivent disposer beaucoup de personnes à penser qu'il serait au moins aussi prudent de se confier à la nature qu'à la médecine. Mais les médecins apportent un remède efficace, l'espérance ; ce n'est pas le physique, c'est le moral qui a besoin de leur secours. Aussi leurs plus gais antagonistes changent-ils presque tous de résolution dès qu'ils éprouvent quelques douleurs ; semblables à ces enfans qui le jour sont de petits héros, et que leur courage abandonne aussitôt qu'il fait nuit.

On voit, cependant, quelques incrédules en médecine rester fidèles à leurs principes. L'ancien acteur Caillot a essuyé plusieurs maladies graves, sans jamais vouloir appeler de médecin ; et l'on est forcé d'avouer qu'à soixante-douze ou quinze ans, il conserve la santé et l'amabilité de la jeunesse.

Alors même que l'agitation et la crainte n'auraient pas le funeste effet de nous rendre plus accessibles aux maladies, encore faudrait-il les bannir : la peur nous fait anticiper sur l'agonie. S'il pouvait exister une cause raisonnable d'inquiétudes continuelles, ce serait sans doute une frêle constitution : mais combien d'hommes d'une faible santé survivent à ceux dont le tempérament était le plus robuste? Les calculs sur la durée de la vie sont tellement incertains que nous pouvons toujours les faire en notre faveur.

Pour celui qui cultive une douce philosophie, la vieillesse même n'est point un sujet d'alarmes. Tous les hommes sont à peu près du même âge; à quatre-vingts ans, on est aussi sûr qu'à seize ans de voir encore le lendemain.

En général, on n'a point pour ceux qui souffrent les soins que leur situation devrait inspirer. On les aborde avec une figure triste, on est plus empressé de leur montrer qu'on s'afflige que de chercher à les distraire : aux questions multipliées qu'on leur fait sur leur santé, il semble qu'on ait peur de leur laisser oublier qu'ils sont malades.

De tous les sujets de conversation, mes douleurs sont le moins intéressant qu'on puisse trouver pour moi. Je ne veux pas que les personnes qui m'entourent s'occupent des apprêts de mon deuil, ni qu'en me parlant elles aient l'air de me demander l'heure de mon enterrement.

Éloignons les soins importuns, pour vivre en paix et pour mourir tranquilles. Si l'on souffre peu, il faut réunir ses amis, se distraire, tromper la douleur qui est en soi par les plaisirs dont on s'environne. Si l'on ressent des souffrances aiguës, il faut rassembler ses forces, rester seul; on guérit ou l'on meurt, et toujours la plainte est inutile.

En nous armant de courage pour supporter nos maux, conservons notre sensibilité pour les douleurs des autres. C'est parmi les malades que se trouvent les infortunés dignes de la plus profonde pitié. Il en est dont l'unique perspective est la mort, précédée de tortures cruelles, et qui souffrent moins encore pour eux que pour une famille en pleurs, qu'ils vont laisser sans appui. Ah! pendant le peu de jours qui leur restent à passer sur la terre, combien ne doit-on pas s'empresser d'apaiser leurs douleurs, de calmer leurs alarmes, de ranimer leurs faibles espérances ! Béni soit l'être bienfaisant qui rappelle encore une fois le sourire sur des lèvres mourantes !

CHAPITRE VII.

DE L'AISANCE.

De prétendus sages au ton sentencieux nous annoncent que la vertu doit être l'unique objet de nos desirs, qu'affermi par elle on supporte sans peine les privations et la misère. Inutiles moralistes! croirai-je à des principes que l'expérience dément tous les jours (1)?

Il agit avec sagesse, celui qui, sans ambition, examine quelle fortune lui serait nécessaire pour jouir de l'aisance, et cherche à l'acquérir. Mais, quand il la possède, s'il veut l'accroître, s'il fait un pas au delà du terme qu'il a fixé, le jour où, plus raisonnable, il ne voulait qu'être heureux, sacrifiant le bonheur, il l'é-

---

(1) *La vertu est le seul bien, le vice est le seul mal*, disent les stoïciens. Ce principe est faux : je m'en rapporte à tout honnête homme qui s'est cassé la jambe, ou qui voit souffrir la faim à ses enfants.

change contre un moyen fort incertain d'acheter des plaisirs.

L'aisance est inutile à ceux qui l'ont reçue; victimes de la folie commune, ils perdent à s'enrichir le temps qu'ils devraient employer à jouir. Partout on voit des spéculateurs habiles, rarement trouve-t-on des hommes qui sachent user en épicuriens d'une fortune médiocre; ce n'est pas l'art d'acquérir, c'est l'art de dépenser qu'il faudrait nous apprendre.

Notre but dans la vie doit être le bonheur. Idée trop simple, qu'on dédaigne ou qu'on oublie! A voir tant de gens s'agiter, on croirait que l'homme fut placé sur la terre, non pour être heureux, mais pour devenir opulent.

Eh! pourquoi tant de soucis et de peines? Ce personnage, dit-on avec emphase, a cinq cent mille livres de rentes! Dans sa position rare, brillante, enviée, s'il ne végète pas sous le poids de l'ennui, je le tiens pour un homme d'un mérite étonnant.

On peut diviser les riches en deux classes. Les uns veillent à l'administration de leurs biens, les autres ne songent qu'à dissiper leurs revenus.

Comment détaillerais-je les soins et les ennuis qu'entraîne l'administration d'une grande fortune? On cesse de discuter avec ses fermiers, pour réprimander des ouvriers, que l'on quitte pour disserter avec des procureurs. Jamais un ami du plaisir n'accepterait une fortune immense, à charge de l'administrer lui-même. Viens, honnête agent, fais mes affaires et les tiennes; je ne saurais trop acheter le repos et l'indépendance. Qu'on m'enlève une partie de mes richesses, et que je puisse disposer en paix des débris que m'auront laissés les fléaux du ciel et les soins de mon intendant!

Assurément, l'homme qui se voue à des travaux lucratifs n'est pas accablé d'ennuis perpétuels. Ce banquier respire, lorsqu'il a pâli sur ses livres de compte; le succès d'une opération l'enchante, et lui fait oublier ses alarmes, ses fatigues et son esclavage. Mais celui qui veut saisir dans la vie le plus d'instants heureux qu'il est possible, et qui voit combien cet homme laisse échapper de plaisirs, refuserait sa fortune au prix dont il la paie.

D'autres riches, ai-je dit, ne songent qu'à dépenser. C'est bien pis encore : le travail laisse aux premiers quelques intervalles, l'oisiveté n'en laisse point à ceux-ci.

Quelques-uns sont victimes d'une éducation ridicule. Autrefois, surtout, on voyait des hommes qui, fatigués d'amusemens frivoles et sans ressource en eux-mêmes, tombaient dans cette situation désolante où l'on ne sait pas même desirer. Dès leur enfance, on avait prévenu leurs moindres souhaits : parens faibles, instituteurs dociles, valets avides, c'était à qui s'empresserait de blaser leur goût, et de les hébéter de plaisirs.

Je suppose le fils du riche élevé avec autant de soin que s'il n'eût pas fallu lui plaire. Le sort le place dans une étrange alternative. S'il résiste à ses desirs, que tout excite et favorise, quelles luttes pénibles ! et, s'il leur cède, quel ressort conservera son âme ? Il ne résistera point : tant d'amis le lui conseillent ! La cause du présent contre l'avenir trouve en nous un si puissant défenseur ! Enfin, les plaisirs des sens ont ce dangereux avantage que, sans les avoir goûtés, on sait qu'on leur devra des émotions vives ; au lieu qu'on n'est certain que les plaisirs d'un ordre élevé ont un charme indicible, qu'après en avoir fait l'heureuse expérience. Ainsi tout prépare aux hommes opulens la triste satiété ; dégoût moral, ennui sans fin, seule souffrance de la vie que n'adoucisse pas l'espérance.

Vous voyez quelquefois au théâtre des hommes qui, dans le fond de leurs loges, sommeillent, et ne donnent signe d'existence que par de longs bâillemens : ce sont des riches. Cherchez des yeux les spectateurs qu'agite le plus vif enthousiasme, vos regards s'arrêteront sur quelques jeunes gens studieux qui, pendant huit jours, économisent pour aller un soir au parterre.

C'est dans un petit ménage, bien dirigé, que tous les plaisirs sont vifs, parce qu'on ne les obtient qu'avec de l'ordre et des soins. On projette une fête, on veut réunir ses amis, on veut passer toute une journée avec eux. De légères économies sont nécessaires pour subvenir aux modiques frais de la réunion, on calcule à quelle époque elle peut avoir lieu, et l'on fait les invitations d'avance. Quand l'intervalle qui nous sépare du plaisir n'est pas trop long, cet intervalle même a des charmes.

Jean-Jacques parle de soupers délicieux qu'il faisait avec Condillac. Tous deux étaient pauvres, ils ne dépensaient que quinze sous par tête; mais la conversation prolongeait le frugal repas, et des heures enchanteresses s'écoulaient avec rapidité. Le génie, les vastes connaissances ne sont pas nécessaires pour jouir de soirées aussi douces ; l'amitié et l'amour des lettres suffisent.

Dans un ménage où l'aisance est modeste, ceux qui le composent se quittent rarement ; c'est pour eux que semblent créés tous les plaisirs qu'on trouve au sein d'une famille aimée. Donnez-leur des richesses ; sans qu'elles changent leurs cœurs, ils goûteront moins ces plaisirs. Des devoirs et des amusemens nouveaux enleveront une partie du temps qu'ils leur consacraient. Plus répandus dans la société, ils seront moins ensemble ; recevant plus de monde, ils verront moins leurs amis. Transportés dans une sphère nouvelle, où mille objets de comparaison éveillent les desirs, peut-être connaîtront-ils pour la première fois les privations et les regrets.

En général, les femmes, les jeunes gens, ne peuvent goûter les avantages que leur offre une situation douce, mais peu brillante, qu'en évitant de comparer leur sort avec celui des personnes que la fortune favorise. Il faut porter dans le monde une haute philosophie, ou ne quitter jamais sa retraite. Celui-là même dont la raison exercée, le noble caractère, assurent l'indépendance, peut être un moment étourdi par l'éclat et je ne sais quel bruit dont l'opulence est accompagnée. Mais, remontant aux causes d'un trouble dont il rougit, bientôt il le dissipe; bientôt il accroît le sentiment de son bonheur, en portant autour de lui ses regards. Il éprouve un légitime orgueil en se disant, au milieu d'une foule brillante : Que de soucis et de regrets je me suis épargnés ! Que de futilités dont je n'ai pas besoin !

L'opulence, s'écrie-t-on, l'opulence à du moins cet avantage qu'elle attire la considération. Ah ! sans doute, beaucoup de gens calculent sur vos richesses l'estime qu'ils vous doivent ; on ne leur persuadera jamais que le mérite va souvent à pied, et que la stupidité monte quelquefois en voiture : mais un homme sensé peut-il s'informer de l'opinion que de tels sots ont de lui ?

Lorsque dans un cercle, où l'on étale à l'envi l'opulence, vous éprouvez quelque honte en vous apercevant que la simplicité de votre habit est remarquée, demandez-vous si vous changeriez, avec ceux qui vous entourent, de genre de vie, de caractère, de talens; et reprenez la fierté qui sied à l'honnête homme.

Se contenter d'une fortune médiocre est la meilleure preuve de philosophie; toutes les autres me semblent douteuses. Celui qui sait vivre de peu donne seul une haute garantie de la probité et du courage qu'il saurait conserver dans les situations difficiles. Celui-là seul a mis, autant qu'il est possible, sa vertu, son repos, son bonheur, à l'abri des vicissitudes du sort et des caprices de ses semblables.

Il est des instans où le desir des richesses pénètre dans la retraite du sage; non avec le puéril et dangereux projet d'éblouir les hommes, mais avec la séduisante espérance de leur être utile. Quand l'imagination crée de riantes chimères, on pense quelquefois aux richesses; et l'emploi qu'on en fait, dans ses rêves, les rend dignes d'envie. Quel vaste champ est ouvert à ceux qui les possèdent! Ils peuvent hâter les progrès des sciences et concourir à la gloire des lettres. Qu'ils offrent un appui aux jeunes gens dont les premiers essais annoncent des dispositions heureuses, et dont le caractère, peu propre à réussir, se compose d'indépendance et de timidité. Qu'ils s'honorent en prenant soin d'embellir la retraite du vieillard qui consacra sa vie à l'étude, et qui négligea la fortune pour enrichir les hommes de quelques découvertes. Ils peuvent, sans même accroître leurs dépenses, donner aux arts une noble impulsion ; un groupe qui perpétue le souvenir d'une action héroïque ne coûte pas plus qu'un groupe insignifiant de faunes et de bacchantes. Une carrière plus belle encore est ouverte à l'opulence. De combien de vices et de pleurs il est en son pouvoir de tarir la source ! Ah ! le riche, pour être heureux, n'a besoin que de vouloir le devenir ; il peut faire immortaliser son nom par les arts ; et, ce qui vaut mieux, le faire bénir par les infortunés. De tels plaisirs sont durables ; et l'on doit se ranimer encore pour les goûter, même après s'être lassé de tous les autres.

Qu'un rêve séduisant ne nous laisse cependant au réveil aucun desir ambitieux. C'est dans la sphère où l'on est placé par le sort qu'il faut chercher les moyens d'être utile; et, s'il en est qui n'appartiennent qu'à l'opulence, il en est aussi que la médiocrité fait mieux découvrir. Peut-être, en nous donnant des richesses, ne réaliserait-on que la moitié du songe. Il semble, dit Platon, que l'or et la vertu soient placés des deux côtés d'une balance, et qu'on ne puisse ajouter au poids du premier, sans que l'autre devienne au même instant plus léger.

CHAPITRE VIII.

DE L'OPINION ET DE L'AFFECTION DES HOMMES.

En suivant la route où se presse et s'agite la foule, on s'éloigne du bonheur, puisque la plupart des hommes se plaignent de leur sort. Si l'on choisit un sentier différent, on ne peut se dérober aux traits de la censure, puisque la multitude suppose qu'on s'égare. C'est donc une insigne folie que d'espérer à la fois le bonheur et l'approbation des hommes.

Parmi les obstacles qui s'opposent à notre repos, le plus grand est un fatal besoin d'occuper les autres de nous. Enfans inquiets, toujours séduits par l'apparence, c'est peu que d'exister dans une situation heureuse, nous voulons qu'elle excite l'envie ; le bonheur ignoré semble n'être plus le bonheur.

Il y a les victimes et les dupes de l'opinion. Ceux que dévore la fièvre de l'intrigue, ceux qui pour briller dissipent leur fortune, sont de misérables victimes. Les dupes sont ces gens qui s'ennuient par air les trois quarts de leur vie, qui vous disent : Ces visites, ces cérémonies, ces veilles sont fatigantes ; mais il faut voir la bonne compagnie. Eh ! messieurs, pourquoi ne voyez-vous pas la meilleure ?

Une vérité qu'il faudrait présenter sous mille formes à la jeunesse, c'est que le bonheur exige du courage. Tel homme a des qualités estimables, une famille intéressante, des amis éprouvés, une fortune égale à ses besoins ; son sort vous paraît doux : que le public en juge différemment (1) ! Cet homme, dit le public, a de l'intelligence ; pourquoi n'a-t-il pas augmenté sa fortune ? Il pouvait se distinguer, pourquoi n'a-t-il pas sollicité telle place ? Il se pique d'une originalité ridicule, ou plutôt nous le jugions trop favorablement ; et puisqu'il est sans crédit, c'est qu'il ne peut en obtenir. Si cet homme n'a pas de courage, plaignez-le ; ils finiront par le rendre honteux de son bonheur.

(1) *Le public !* disait Chamfort, *le public ! combien faut-il de sots pour faire un public ?*

Entendre déraisonner la multitude n'est pas ce qui m'étonne. Que des sots, infatués d'eux-mêmes, tiennent de sots discours avec assurance, rien n'est plus naturel ; mais qu'ils parviennent à diriger des gens d'esprit, voilà ce que j'admire.

Bizarre contradiction ! On juge ses idées avec complaisance, on prononce sur celles des autres avec sévérité ; et chaque jour on sacrifie des principes qu'on estime à la peur d'être blâmé par des gens qu'on méprise.

A l'instant où j'échappe au joug de l'opinion, quel horizon vaste et serein se développe à mes yeux ! Les plaisirs de la vanité s'enfuient, j'acquiers ceux du repos et de l'indépendance. De combien d'heures je vois s'accroître mes journées ! Je n'en sacrifierai plus au desir inquiet de conserver un protecteur, d'éclipser des rivaux ; je n'en donnerai plus à la triste étiquette ; c'est pour moi désormais que je prolongerai d'agréables veilles. Les caprices des hommes ont perdu sur moi leur empire. Pauvre, j'ignorerai les douleurs qu'excitent la raillerie déchirante et l'accablant mépris : riche, d'oisifs importuns n'ordonneront point mes dépenses, et l'heureux choix de mes plaisirs multipliera mes richesses.

Les hommes se présentent au sage sous deux rapports opposés. Réclament-ils un service? le plus tendre intérêt l'émeut. Veulent-ils le diriger? un profond dédain est le sentiment qu'il éprouve (1).

Celui dont la raison est exercée, dont l'âme est courageuse, ne marche point sur la foi d'un guide incertain et faible, qui lui-même aurait besoin d'être conduit. L'opinion! docile à ses lois bizarres, esclave de ses impérieux caprices, approuvez-la toujours, et vous serez enfin condamné par elle.

J'entends des hypocrites m'accuser; j'entends des hommes faibles demander s'il n'est point dangereux de prêcher ainsi le mépris de l'opinion. En ne suivant qu'une partie des idées que j'énonce, on pourra s'égarer; mais aura-t-on adopté mes principes? Un médecin avait choisi deux sortes de plantes pour en tirer un

(1) Mon excellent père me disait : « Aie le plus de rapports que tu pourras avec les hommes pour leur rendre des services, et le moins qu'il te sera possible pour leur en demander. »

breuvage salutaire ; le malade exprima le suc d'une seule, le prit et fut empoisonné.

Bannissons la timidité qui conduit au mensonge, et, pour servir la morale, soyons fidèles à la vérité. Le méchant et le sage brisent tous deux le joug de l'opinion : l'un pour faire plus mal, l'autre pour faire mieux que le commun des hommes.

Qu'un être dépravé commette moins de fautes en cédant aux caprices de l'opinion que s'il s'abandonnait à ses propres erreurs, je le conçois. Il est des passions cruelles et des vices honteux qu'elle réprouve, au milieu même de ses égaremens ; mais elle donne à la fausseté le nom de politesse, à la lâcheté, le titre de prudence. Craignez le ridicule est sa maxime favorite ; et, pour former des hommes, il faudrait que, jusqu'au fond des cœurs, on imprimât cette autre maxime : Ne crains que les remords !

Non, tu n'auras point à rougir de mes leçons, toi qu'une âme simple et généreuse rend digne du bonheur ; mais suis avec courage la route que je trace. En brisant les chaînes de l'opinion, fuis le joug plus honteux qu'imposent les passions. En méprisant la multitude, redoute ces funestes instituteurs qui traitent la morale de fable populaire et prétendent à l'honneur de dissiper nos préjugés. Consulte les hommes instruits par les leçons des sages et de l'expérience; consulte ceux auxquels tu voudrais ressembler : ils t'apprendront surtout à descendre en toi-même. Interrogée de bonne foi, la conscience nous éclaire. Dans le tumulte de nos vices, malgré nous elle se fait entendre, et, si nos passions l'altèrent, après l'orage elle fait reparaître encore la vérité : ainsi le fleuve, troublé par la tempête, aussitôt qu'il se calme, réfléchit de nouveau l'azur du ciel et la verdure de ses rives.

Oh! chez un peuple formé par de sages lois, où la droiture régnerait dans les actions, et la franchise dans les discours, il faudrait écouter la voix de l'opinion dans un religieux silence, et suivre ses arrêts comme ceux de la Divinité même. Phocion demandait quelle sottise il avait dite, quand les Athéniens l'applaudissaient. Heureux le pays où cette question serait une plaisanterie coupable, où je devrais déchirer une partie de ce chapitre.

J'ignore si je ne serai point accusé de contradiction. A peine je conçois qu'en cherchant le bonheur on soit approuvé par la multitude; j'ai dit quel dédain doit inspirer l'opinion, et je sens cependant qu'il serait doux d'être aimé des hommes. On reçoit leurs services, on leur doit de connaître le plaisir d'obliger; on partage souvent les faiblesses qu'on leur reproche. Des rapports multipliés avec eux font souhaiter leur affection; elle n'est pas nécessaire pour être heureux, mais elle donnerait au bonheur un charme plus vif.

Puissions-nous, en suivant la route qu'indique la sagesse, obtenir l'estime et goûter même les délices d'un sentiment plus doux, plus précieux encore ! L'amitié est à l'estime ce qu'une fleur est à la tige qui la soutient.

Mais je ne penserai jamais qu'on doive s'asservir aux caprices de l'opinion. Il faut d'abord être content de soi ; et, s'il se peut, contenter les autres ensuite. Pour mériter l'affection, je n'aperçois que deux moyens : aimer les hommes, et cultiver les vertus qui répandent des charmes sur leur vie.

CHAPITRE IX.

DU SENTIMENT QUE LES HOMMES DOIVENT INSPIRER.

Il n'y a point de misanthrope : les hommes que ce nom désigne peuvent être divisés en plusieurs classes. Dans l'une, je vois des philosophes qui, révoltés de nos vices, choqués de nos travers, les censurent avec une brusque franchise. Leur courroux naît des maux dont nous semons imprudemment notre carrière ; et, s'ils nous haïssaient, tenteraient-ils de nous corriger? Une autre classe est celle de ces infortunés qui n'espèrent trouver la paix que dans la solitude. Fuyant le monde, où leur cœur fut déchiré de blessures cruelles, peut-être disent-ils qu'ils vouent à tous les hommes une haine implacable ; mais leur sensibilité les dément, et l'on apaise leur douleur si l'on réclame leurs services. Enfin, il est des gens qui cherchent à se singulariser : esprits faux, moins chagrins que bizarres, plus importuns qu'observateurs, ils nous fatigueraient de leur tendresse pour le genre humain, s'ils ne croyaient plus piquant de dire qu'ils le haïssent.

Qu'on s'indigne contre les préjugés, contre les travers et les vices; mais comment leurs victimes auraient-elles mérité la haine ou le mépris? L'homme est bon; tel est son premier caractère, qu'il ne peut entièrement effacer; bon, mais séduit, égaré, malheureux, il a droit au plus tendre intérêt.

Ce n'est point que j'adopte l'erreur séduisante de ceux qui supposent que l'homme apporte en naissant la bonté; mais, lorsqu'il arrive à la vie, la Providence dispose tout autour de lui pour le rendre bon. Une mère est le premier objet qui s'offre à sa vue; les premiers mots qu'il entend expriment l'affection la plus douce; des caresses lui inspirent ses premiers sentimens, et ses premières occupations sont des jeux.

Trop tôt, il est vrai, des objets différens l'environnent. A mesure qu'il avance dans sa carrière, le spectacle de l'injustice le frappe, bouleverse ses idées, aigrit son caractère. C'est en vain cependant que la contagion l'atteint, c'est en vain que les passions et les préjugés le dégradent; quelques traits de sa bonté première se retrouvent toujours dans son cœur.

Ces enthousiastes redoutables qui se jettent en avant des partis; qui, pour faire triompher leur cause, soufflent le feu des discordes civiles, et lèvent d'une main hardie le glaive de la proscription, ces fanatiques ne sont pas étrangers à tout sentiment humain. Souvent on les a vus aimer avec tendresse leur femme, leurs enfans, et, dans le sein de leur famille, conserver, pour ainsi dire, les goûts de l'innocence. Effroi de la société, les brigands s'honorent de quelques actes d'humanité, et les tyrans ont des jours de clémence.

Dans les grandes calamités, les sentimens naturels se développent, et forment un contraste touchant avec les scènes d'horreur dont on est environné. Lorsqu'un violent incendie parcourt une ville, il n'y a plus de distinctions, plus de divisions, parmi des malheureux qu'un même effroi poursuit. Les ennemis oublient leurs haines, les riches et les pauvres confondent leurs cris; tous s'aiment et s'entr'aident.

L'infortune a brisé les barrières qui les séparaient ; ils se retrouvent égaux et bons.

Sur le théâtre même de la guerre, où le spectacle de la destruction excite à détruire encore, l'humanité fait souvent apercevoir ses traces. Je me souviens qu'en 1795, au siége de Mayence, les gardes avancées de l'attaque de gauche occupaient un jardin anglais, près du village de Monback. Ce jardin était bouleversé : les pas des soldats avaient changé les sentiers et les labyrinthes en larges chemins ; de distance en distance, des batteries s'élevaient sur des tertres autour desquels croissaient encore quelques arbustes ; les feux de nos bivouacs détruisaient la verdure des boulingrins, et, en avant, un kiosque à demi renversé servait de corps-de-garde aux Autrichiens. Les fontaines les plus voisines se trouvaient de leur côté, les forêts étaient du nôtre. Pour avoir de l'eau, les Français jetaient leurs bidons aux Autrichiens, qui allaient les remplir et les leur rejetaient. Quand la nuit approchait, nos soldats coupaient du bois pour les postes ennemis, et traînaient des fagots entre les vedettes des deux armées. Ainsi, en attendant le signal de s'entr'égorger, les gardes vivaient en paix et faisaient des échanges semblables à ceux que font entre elles des peuplades amies. Ce spectacle me causait une émotion profonde ; et j'ai quelquefois eu peine à retenir mes larmes en voyant les hommes encore bons sur un sol teint de sang.

Cette bonté n'est pas la seule vertu dont quelques traces se retrouvent toujours dans les hommes. Formée pour être généreuse et magnanime, jamais leur âme ne perd entièrement l'élévation qu'elle a reçue du Créateur.

Sous l'oppression, dans l'avilissement, les hommes conservent encore quelques traits de leur dignité première. Les outrages qui les humilient sont une des causes les plus fréquentes des grandes révolutions ; et peut-être les tyrans courent-ils moins de dangers à répandre le sang des citoyens qu'à leur faire une insulte. Un attentat contre une femme fut le signal de la liberté de Rome. Un crime semblable entraîna la chute des successeurs de Pisistrate, qui n'avait point trouvé d'obstacle quand il renversa les lois de sa patrie. Les Suisses, les Danois, supportaient en silence les rigueurs d'un joug tyrannique : ils se soulèvent le jour où leurs oppresseurs exigent d'eux un acte avilissant d'obéissance. Dans Gênes conquise (1), un officier autrichien frappe un homme du peuple : les Génois s'indignent, courent aux armes, et chassent leurs vainqueurs.

Sous le plus violent despotisme, on voit quelquefois un sujet conserver des sentimens magnanimes; et, ne pouvant leur donner une direction plus utile, déployer, pour servir son maître, un courage égal à celui dont les citoyens s'honorent en servant leur patrie. Parmi les faits que je pourrais citer, il en est un qui m'a vivement frappé.

Le roi de Siam envoyait à la cour de Portugal une ambassade composée de plusieurs mandarins et d'une suite nombreuse. Ils firent naufrage sur les côtes d'Afrique. Abandonnés par les Européens qui leur servaient de guides, manquant de vivres et d'eau, voyant chaque jour périr à leurs côtés quelques-uns de leurs compagnons, ne sachant si les sentiers dans lesquels ils se traînaient ne les conduiraient pas entre les mains des Cafres qui les auraient

(1) En 1746.

massacrés, ils souffraient, depuis trente et un jours, tout ce que la fatigue, la faim et les anxiétés peuvent avoir de plus horrible. C'est dans une telle situation que leur chef les réunit, et leur parla en ces mots : « Il est une
« chose que nous devons préférer à tout le
« reste ; et je ne sentirais plus mon malheur si
« mon esprit était tranquille sur ce qui la con-
« cerne. Vous êtes tous témoins du profond
« respect que j'ai toujours eu pour la lettre du
« grand roi dont nous sommes les sujets (1).
« Mon premier soin, dans notre naufrage, fut
« de la sauver ; je ne puis même attribuer ma
« conservation qu'à la bonne fortune qui ac-
« compagne toujours ce qui appartient à notre
« maître. Vous avez vu avec quelle circonspec-
« tion je l'ai portée. Quand nous avons passé
« la nuit sur des montagnes, je l'ai toujours
« placée au sommet, où du moins au-dessus de
« notre troupe. Quand nous nous sommes ar-
« rêtés dans les plaines, je l'ai toujours atta-
« chée à la cime de quelque arbre. Pendant le
« chemin, je l'ai portée sur mes épaules, aussi

(1) C'était la lettre qu'il devait présenter au roi de Portugal.

« longtemps que je l'ai pu ; et je ne l'ai confiée
« à d'autres qu'après l'épuisement de mes for-
« ces. Dans le doute où je suis si je pourrai
« vous suivre longtemps, j'ordonne, de la part
« du grand roi notre maître, au troisième am-
« bassadeur, qui en usera de même à l'égard
« du premier mandarin, s'il meurt avant lui,
« de prendre après ma mort les mêmes soins
« de cette auguste lettre. Si, par le dernier des
« malheurs, aucun de nous ne pouvait arriver
« au cap de Bonne-Espérance, celui qui en sera
« chargé le dernier ne manquera point de l'en-
« terrer sur une montagne, ou dans le lieu le
« plus élevé qu'il pourra trouver, afin qu'ayant
« mis ce précieux dépôt à couvert de toute in-
« sulte, il meure prosterné dans le même lieu,
« avec autant de respect en mourant que nous
« en devons au roi pendant notre vie. Voilà ce
« que j'avais à vous recommander. Après cette
« explication, reprenons courage ; ne nous sé-
« parons jamais, allons à petites journées : la
« fortune du grand roi, notre maître, nous
« protégera toujours (1). »

(1) *Voyage d'Occum Chamnam*, *mandarin siamois.*
Voyez l'*Histoire générale des Voyages.*

Quelle élévation dans ce discours! Quelle confiance et quel dévoûment! Certes, un motif plus noble animait Léonidas et ses compagnons; mais, mourant pour leur patrie, mourant en un instant, et vengeant leur mort dans le sang ennemi, déployèrent-ils un courage égal à celui de ces Indiens, qui périssaient lentement pour leur maître, dans les sables ignorés de l'Afrique?

Une preuve frappante qu'un principe d'élévation existe dans nos âmes, résulte de l'universalité des idées religieuses. En vain l'homme est averti de sa faiblesse par ses infirmités, par ses erreurs et par ses fautes, une voix intérieure lui parle de ses hautes destinées. Chétive créature, il appelle des dieux à sanctifier son union, il les fait présider à la naissance de ses enfans, il les invoque sur les tombeaux de ses pères. Quand la contemplation des œuvres de l'Éternel a porté d'humbles sentimens dans son âme, il se juge encore supérieur à tous les êtres qui l'environnent; il n'occupe qu'un point sur le globe, et sa pensée embrasse l'univers; il voit le temps dévorer les objets de ses affections; briser ses monumens, bouleverser même les ouvrages de la nature ; et, du milieu des ruines, il aspire à l'immortalité !

Ces sentimens élevés et bons, ces germes précieux, que ne produiraient-ils pas, s'ils étaient développés avec soin ? Ils existent, c'est assez pour qu'on doive un tendre intérêt à l'être qui les possède : aimons nos semblables, et cultivons les vertus qui rendent dignes de leur affection.

CHAPITRE X.

DE QUELQUES VERTUS.

Dans nos relations avec la société, une des vertus les plus utiles est l'indulgence. Se montrer sévère, c'est oublier de combien de qualités on est dépourvu, et de combien de fautes on ne fut préservé que par le hasard ; c'est oublier la faiblesse des hommes et l'empire qu'exercent sur eux les objets dont ils sont entourés. Pour rendre à nos semblables une exacte justice, il faudrait connaître tous les secours et tous les obstacles qu'ils ont rencontrés : en jugeant ainsi, que d'actions célèbres deviendraient moins étonnantes, et que de fautes on se reprocherait d'avoir jugées avec trop de rigueur !

C'est de l'indulgence qu'on apprend l'heureux secret d'être bien avec soi-même, et bien avec les hommes. Quelques-uns portent dans le monde une hostile franchise : on les redoute, et les contrariétés qu'ils éprouvent accroissent chaque jour leur brusquerie fatigante et leur rudesse importune. D'autres, ne rougissant d'aucune complaisance, souples et faux, sourient à ce qui leur déplaît, louent ce qu'ils trouvent ridicule, applaudissent ce qu'ils savent être lâche. Soyez indulgent, vous ne sacrifierez jamais l'estime de vous-même, et, loin de vous nuire, la franchise rendra votre affabilité plus aimable.

Pour assombrir la vie, il suffirait de trop arrêter ses regards sur les vices et les travers des hommes (1). La vertu que je préconise porte avec elle sa récompense, en nous faisant voir nos semblables tels à peu près qu'ils devraient être.

De prétendus moralistes se plaisent à blâmer l'indulgence; si nous voulons les croire, elle encourage les vices, flatte les passions, enhardit leurs désordres. N'adoptons point ces tristes idées : que notre indulgence courageuse s'étende même aux infortunés victimes de graves

---

(1) C'est ce qui explique pourquoi les grands poëtes comiques ont presque tous été tristes.

erreurs. Assez d'autres prendront le soin de les accuser; prenons pour nous celui de leur tendre une main bienveillante. Pour ramener les esprits égarés, croyons au repentir, et portons l'espérance dans le cœur du coupable!

Nés au milieu des discordes civiles, loin d'agir ainsi, nous ne savons pas même tolérer les simples opinions qui s'éloignent des nôtres. Eh! considérons la faiblesse, l'inanité de nos jugemens. Vous dites : *Cet homme pense bien;* qu'on traduise ces mots, ils signifient : *Cet homme pense comme moi.*

Que d'opinions imposées à la faiblesse par le hasard! N... sert avec activité un des partis qui nous divisent : jamais il n'a fait le plus léger examen des opinions entre lesquelles nous devons choisir; il est incapable de se conduire lui-même, il ne peut que suivre fidèlement une impulsion donnée, et son tuteur a disposé de lui. S'il fût né dans telle maison, voisine de la sienne, son activité servirait aujourd'hui les idées opposées à ce qu'il appelle ses principes, qui lui sont si chers et dont il est si fier.

Dans les temps agités, on voit une multitude de faits bizarres, sans rapports ni avec les sentimens naturels ni avec le bon sens. J'ai connu deux hommes, fort liés dans leur jeunesse, mais que séparent les débats politiques : tous deux desiraient se rapprocher, et leurs vœux étaient pour qu'un ancien ami s'éclairât. Par l'effet de circonstances nouvelles, ces deux hommes changèrent presque au même instant de principes. Je m'en étonnai peu ; mais ce qui me frappa, c'est qu'aussitôt la haine s'empara de leurs âmes, et qu'ils furent irréconciliables du moment où chacun d'eux eut fait le sacrifice que l'autre demandait.

Telle idée qui d'abord nous a paru vraie, nous semble aujourd'hui fausse ; et peut-être reviendrons-nous à notre premier jugement : accordons à nos adversaires le droit de se tromper, dont nous usons fréquemment pour nous-mêmes. Allons plus loin ; aimons à publier ce que nous savons être honorable dans la conduite des hommes dont nous ne partageons pas les opinions; c'est un moyen de rapprocher les esprits, de répandre des idées de justice et des sentimens de modération. Au milieu des guerres intestines, rappelons souvent que des erreurs en politique, en religion, peuvent laisser subsister de grandes qualités du cœur.

Il est une qualité qui nous touche vivement lorsque nous la trouvons dans nos semblables, parce qu'elle est aussi rare que ses effets sont utiles ; et je m'étonne que nous n'ayons pas un mot pour la nommer (1). Parcourez tous les plaisirs, le plus doux est celui d'obliger : souvent il ne reste rien des services qu'on a reçus ; il reste toujours quelque chose de ceux qu'on a rendus.

Mais, les ingrats ! On nous annonce qu'ils couvrent la terre, on nous effraie de leur nombre et de leur audace. Les hommes ont imaginé de singuliers principes ! Ils permettent qu'on exige la reconnaissance, et veulent qu'on oublie ses propres bienfaits. Ma manière de voir est absolument différente : je pense qu'on a tort d'espérer la reconnaissance, puisqu'on sera presque toujours trompé ; et j'approuverais, au contraire, celui qui tiendrait une note exacte de

(1) Le mot *obligeance*, qu'on entend quelquefois dans la conversation, n'est pas généralement adopté. Ce mot est expressif et nécessaire. Il a été introduit dans la dernière édition du *Dictionnaire de l'Académie* (1835).

ses bonnes actions. En la lisant, il goûterait une récompense légitime sans doute ; et quelle lecture lui serait plus utile ? Se souvenir qu'on a toujours été bon, c'est s'engager à l'être encore.

On se plaît à répéter qu'il faut un sublime effort pour obliger ses ennemis : quel effort est donc nécessaire pour goûter un plaisir très vif, et, en général, difficile à se procurer? Des hommes, plus zélés qu'éclairés, ont prétendu que la morale évangélique est la seule qui prescrive de rendre le bien pour le mal. Ils ont commis deux fautes : l'une, c'est d'énoncer une erreur, l'autre, c'est d'éloigner de la vertu qu'ils prêchaient, en faisant supposer qu'elle exige des forces plus qu'humaines. Je présume qu'on ne lira pas sans intérêt le morceau suivant (1) :

« La vérité de notre divine religion est assez
« fortement établie pour n'avoir pas besoin de
« l'appui que veulent lui prêter certaines per-
« sonnes, en affirmant que les plus sages et les

---

(1) Il est extrait d'un discours de feu William Jones, président de la société de Calcutta. Voyez les *Recherches asiatiques*, tome IV.

« plus éclairés des hommes, antérieurement
« au christianisme, avaient ignoré ces deux
« maximes fondamentales : *Fais aux autres ce
« que tu voudrais qui te fût fait à toi-même, et
« rends le bien pour le mal.*

« La première de ces maximes est implici-
« tement dans un discours de Lysias ; elle est
« énoncée d'une manière expresse dans Tha-
« lès et Pittacus, et je l'ai trouvée mot à mot
« dans l'original de Confucius. S'il arrivait que
« des missionnaires entreprissent dans l'Indos-
« tan la conversion des Pandits et des Maulavis,
« il faudrait que ces missionnaires se gardas-
« sent d'avancer des assertions dont les Pandits
« et les Maulavis pourraient démontrer la faus-
« seté. Les premiers leur citeraient ce beau
« passage de l'*A'rya*, écrit plus de 300 ans
« avant notre ère, et dont le sens est que le
« devoir d'un homme bon, même à l'instant
« de sa mort, consiste non-seulement à pardon-
« ner à celui qui lui ôte la vie, mais encore à
« lui souhaiter du bien : *Semblable à l'arbre
« de Sandal qui, dans le moment où il est abattu,
« couvre de parfums la hache qui le frappe.* Les
« Maulavis triompheraient des missionnaires,

« en leur récitant les vers de Sâdi, où l'action
« de rendre le bien pour le bien est qualifiée
« de retour facile et peu méritoire; et où il est
« dit que l'homme vertueux fait du bien à ce-
« lui qui l'a offensé. Ces vers ne sont que la
« répétition d'une maxime des Arabes, et, selon
« toute apparence, des anciens Arabes. Les mu-
« sulmans ne manqueraient pas de citer les qua-
« tre distiques de Hafiz, où la même maxime se
« trouve développée sous des images bizarres,
« mais ingénieuses : *Apprends de la coquille*
« *des mers de l'Orient à aimer ton ennemi, et*
« *à remplir de perles la main tendue pour te*
« *nuire. Ne sois pas moins généreux que le dur*
« *rocher; fais resplendir de pierres précieuses*
« *le bras qui déchire tes flancs. Vois-tu cet ar-*
« *bre assailli d'un nuage de cailloux? il ne laisse*
« *tomber sur ceux qui les lancent que des fruits*
« *délicieux ou des fleurs parfumées. La voix de*
« *la nature entière nous crie : L'homme sera-t-il*
« *le seul à refuser de guérir la main qui s'est*
« *blessée en le frappant, de bénir celui qui l'ou-*
« *trage?* »

Si telles sont nos obligations, quels devoirs
n'avons-nous pas à remplir envers les hommes

qui s'empressèrent de nous être utiles, de prévenir nos dangers ou de réparer nos malheurs? Cherchons sans cesse à nous acquitter, et ne croyons jamais avoir atteint le but de nos efforts ; la reconnaissance prolonge le plaisir que le bienfait a causé.

L'indulgence et le desir d'obliger, voilà les deux premiers moyens de nous concilier l'affection de nos semblables. Une vertu qui commande au moins leur estime, c'est la loyauté. Non-seulement un homme loyal est fidèle à ses engagemens, et nulle promesse n'est légère pour lui ; mais la droiture se fait sentir dans toutes ses actions, la franchise dans toutes ses paroles. S'il commet des fautes, prompt à les reconnaître, il les avoue sans faste, et ne songe pas plus à les exagérer qu'à les affaiblir. Dans les intérêts qui lui sont communs avec d'autres personnes, il décide pour la justice, et ne croit jamais se nuire en prononçant ainsi, le premier des biens étant à ses yeux l'estime de soi-même. Sans me rendre de service positif, il m'oblige ; il me procure un des plaisirs les plus vifs dont je puisse jouir, celui de contempler un noble caractère.

Parmi les vertus qui doivent attirer la bienveillance, donnons à la modestie un rang éminent. L'homme simple et modeste vit ignoré, jusqu'au moment où des circonstances, qu'il ne prévoyait pas, révèlent ses qualités estimables, ses actions généreuses : on l'a comparé souvent à ces fleurs qui, nées sur d'humbles tiges, échappent à la vue, et que leur parfum seul fait découvrir. L'orgueil attire promptement les regards ; mais qui fait toujours son éloge dispense de le louer jamais. Un jour l'homme modeste, sortant de son obscurité passagère, obtiendra ces douces louanges que le cœur prodigue sans effort. Sa supériorité, loin d'être importune, paraîtra séduisante : la modestie donne aux talens, aux vertus, un charme pareil à celui que la pudeur ajoute à la beauté.

Ne portons dans le monde ni curiosité, ni indiscrétion. La curiosité est le défaut d'un petit esprit qui, ne sachant pas s'occuper, a besoin de s'amuser des occupations des autres. Relative à des objets minutieux, elle est ridicule ; dans les affaires importantes, elle devient odieuse. Ne cherchons à connaître que les débats et les chagrins qu'il est en notre pouvoir d'apaiser.

Une qualité si précieuse qu'à mes yeux elle devient une vertu, c'est la douce et constante égalité d'humeur. Elle exige non-seulement une âme pure, mais encore une force d'esprit qui résiste aux contrariétés légères ou graves que produit tous les jours une multitude de causes. Quel attrait elle donne à la société de l'homme qui la possède! Comment ne pas aimer celui qu'on est certain de trouver toujours avec la sérénité sur le front, et le sourire sur les lèvres?

Mais, si je m'abusais, si je traçais une vaine théorie! Qu'un de nos brillans observateurs parcoure ce chapitre, il me dira : Vous ressemblez à ces philosophes qui créent des plans de république, sans considérer les passions des hommes ni l'état de la société ; mille fois plus déraisonnables que les romanciers qui, du moins, nous donnent leurs rêves pour des rêves. Quelle pitié vos maximes sur l'indulgence exciteraient dans le monde! Soyons habiles à saisir les défauts, à juger les faiblesses des hommes, afin de subjuguer ceux qui peuvent nous servir, et de livrer au ridicule ceux qui ne peuvent que nous amuser. Exprimez le desir d'obliger, prononcez avec grâce des phrases sentimentales, faites des dupes, et gardez-vous de le devenir en pratiquant vos maximes : le crédit n'est pas un revenu, c'est une somme qui s'épuise à mesure qu'on la dépense. Faut-il être modeste, lorsque tant d'exemples prouvent que les talens sont peu de chose, si l'on n'y joint l'heureux talent de les faire valoir? L'homme qui parle de lui-même avec modestie est cru sur sa parole; et, quand je cherche les causes de l'admiration qu'obtiennent certains personnages, je ne puis en trouver d'autres que la longue obstination et l'intrépidité qu'ils ont mises à se louer eux-mêmes. Il en est des éloges qu'on se donne ainsi que des calomnies qu'on essuie; quelques traces en restent toujours. Enfin, l'opinion seule rend nos qualités estimables; et celui qui, pour réussir, s'obstinerait à cultiver les fades vertus que vous célébrez, serait aussi ridicule que s'il paraissait dans le monde avec le costume qu'on portait au siècle de Henri.

Peut-être de tels principes conduisent-ils au but vers lequel se dirigent la plupart des hommes : que m'importe? ils éloignent du mien. Si l'intérêt que nous inspirent nos semblables, si quelques vertus ne peuvent nous garantir de leur injustice, dédaignons l'opinion ; et, laissant le vulgaire, ne lui permettons pas de troubler notre bonheur. Parmi les biens essentiels, j'ai compté l'attachement de quelques personnes, mais non l'affection des hommes.

CHAPITRE XI.

DU MARIAGE.

Puisqu'on ne peut s'assurer de l'affection, ni même de la justice des hommes, il faut, au milieu de ce monde vulgaire, parvenir à se créer un monde au gré de sa raison. Oublions, dans une douce retraite, les chimères que la foule poursuit ; et, si les hommes s'en étonnent, que leurs murmures soient pour nous ce que le bruit lointain des flots est pour le voyageur, quand sous l'abri du toit hospitalier il n'a plus à redouter l'orage.

C'est d'une famille que doit se composer d'abord le nouvel univers. Une femme est le meilleur ami que nous destine la nature ; celui-là reste, quand la fortune a dispersé tous les autres. Combien d'hommes, rappelés à l'espérance par le devoûment d'une sage et vigilante compagne, ont dit avec l'effusion d'un cœur reconnaissant : Je m'égarais entraîné par de vaines illusions ;

mais ton amour m'a sauvé; c'est par lui que nos beaux jours renaissent : jouis de ton ouvrage. Mais, voulons-nous connaître jusqu'où peut s'élever l'héroïsme d'une femme? Supposons son époux au dernier degré du malheur; il est coupable, rejeté de la société; le repentir n'a pu voiler ses fautes. Seule, elle ne l'abandonne point, et lui prodigue des consolations. Embrassant des devoirs aussi grands que ses revers, elle va partager la captivité ou l'exil de celui qui l'a privée du bonheur : il trouve encore, sur le sein de l'innocence, un refuge où ses remords s'apaisent; comme autrefois les proscrits trouvaient au pied des autels un asile contre la fureur des hommes.

Le mariage est, en général, un moyen d'accroître son crédit, sa fortune, et d'assurer ses succès dans le monde : qu'il soit pour nous un moyen de vivre heureux loin du monde.

Je voudrais que, de bonne heure, on eût assez de raison et d'expérience pour choisir la jeune fille dont un jour on deviendra l'époux. Je voudrais qu'épris de ses qualités naissantes, desirant son bonheur, obtenant sa tendresse, on se plût à l'élever soi-même.

Son jeune caractère appelle vos premiers

soins. La femme, en naissant, reçoit d'heureux dons qui souvent tempèrent nos défauts : elle corrige notre sévérité par sa douceur, notre impétuosité par sa patience, notre orgueil par sa modestie, quelquefois par sa légèreté ; ses grâces nous éloignent de la triste pédanterie, et ses exemples touchans nous rappellent aux vertus paisibles et douces. Il suffit, pour former le caractère d'une femme, de développer les qualités qu'elle doit à la nature ; et pour toujours on lui rend chères ces qualités aimables, si l'on réussit à lui faire considérer des mêmes yeux que soi les plaisirs du monde, leurs dangers et leur charme éphémère.

Cultivez la raison plus que l'esprit de votre jeune élève : elle doit un jour, modeste, aimable et respectée, gouverner sa maison, diriger sa famille ; que les romans et la métaphysique ne rendent pas à ses yeux de tels soins importuns et vulgaires (1). Ils ne peuvent exiger tous les

(1) Une question moins ridicule que ne le croirait une académie, serait celle de savoir si une femme qui fait des livres peut être une honnête femme. Je soutiendrais l'affirmative, et j'aurais des exemples à citer en faveur de mon opinion.

instans. Quelques heures s'écoulent dans des réunions peu nombreuses qu'animent la gaîté, l'amitié, la franchise et les plaisirs inexplicables qui naissent du plaisir d'être ensemble. Il est aussi des amusemens frivoles que les femmes ne doivent point négliger. J'aime à les voir, quelques momens, occupées d'une toilette élégante et simple, essayer ce goût enchanteur qui sert à développer leurs grâces, et, pour ainsi dire, à varier leur beauté. Enfin, les talens agréables multiplient pour elles les moyens d'échapper toujours à l'ennui ; mais elles sortent d'une bibliothèque avec du pédantisme sans instruction et de la coquetterie sans amabilité. Je ne douterais point des forces de leur esprit, que je leur dirais encore : Préférez les grâces à la science; pour ceindre les lauriers, il faut quitter la couronne de roses.

Quand deux époux, unis par la tendresse, ont un bon cœur et des goûts simples, tout leur présage un riant avenir. Qu'ils vivent loin du monde, qu'ils existent pour eux, qu'ils cachent leur bonheur, et leur vie sera le plus heureux des songes.

On m'a dit : Peut-être parlez-vous de votre

mariage; mais vous ne peignez point le mariage. Tandis que vous placez le bonheur dans la maison, les peines au dehors, que de gens trouvent chez eux des ennuis sans fin et ne saisissent des plaisirs qu'en fuyant leur demeure ! *Il y a peu de femmes si parfaites*, dit La Bruyère, *qu'elles empêchent un mari de se repentir, du moins une fois le jour, d'avoir une femme, ou de trouver heureux celui qui n'en a point.*

Cette phrase n'est pas une observation, c'est une épigramme. Les bons ménages sont moins rares qu'on ne se l'imagine, quand on se borne à considérer le petit cercle que bien des gens ont la niaiserie d'appeler le monde. Ensuite, il serait injuste de compter parmi les unions malheureuses toutes celles qui ne sont pas exemptes d'orages passagers. Non-seulement la félicité parfaite est chimérique, mais on rencontre des gens qui s'ennuieraient d'un calme absolu, et qui pensent qu'un peu de contrariété met de la variété dans la vie. Je ne me soucierais nullement de leur existence; mais il est des manières d'être singulières qui, sans donner le bonheur, procurent des plaisirs. Enfin, le nombre des mariages malheureux serait immense, que pourrait-on en conclure? Les hommes suivent une route opposée à la mienne ; il ne faudrait s'étonner que s'ils arrivaient au but dont j'essaie de peindre les charmes.

L'intérêt décide la plupart des parens; et, ce qui doit révolter davantage encore, des jeunes gens savent aussi calculer. Quand un homme se marie par spéculation, s'il voit sa fortune s'accroître, son rang s'élever, quelque désordre qui naisse dans sa maison, il est plus heureux encore qu'il ne le méritait. Nos mariages d'inclination garantissent aussi peu le bonheur que nos mariages d'intérêt. Je suis d'avis de n'épouser une femme qu'après avoir obtenu sa tendresse, car il serait douteux que l'amour lui fût inspiré par son mari, et il est hors de doute qu'un sentiment si naturel ne resterait pas toujours étranger à son cœur. Mais l'amour, tel qu'il passe des romans dans les mœurs du jeune âge, est une fièvre inquiétante. Des enfans ne se croient amoureux que lorsqu'ils sont en délire ; ils s'imaginent que la vie doit être une extase perpétuelle, et les songes des amans gâtent la réalité pour les époux. J'ai supposé l'homme plus âgé que la femme, à laquelle il veut unir sa destinée; je l'ai supposé formant le caractère de sa jeune compagne, et, pour ainsi dire, l'élevant lui-même; alors un mélange de raison et d'amour leur assure, autant qu'il est possible, un heureux avenir.

L'infidélité des maris est une cause fréquente de la perte du bonheur en famille. On a très-bien prouvé que la fidélité des femmes est plus importante que la nôtre, mais on parle trop légèrement de l'infidélité des hommes. C'est celle qui reste le moins ignorée. En général, un bandeau couvre les yeux des maris trompés; ils vivent en repos, protégés par leur vanité ou par leur bonhomie. Les femmes sont ingénieuses à se tourmenter, à saisir des détails qui semblent fugitifs; et, si l'on ajoute que nous mettons moins d'intérêt ou moins d'adresse à cacher nos actions, on jugera que notre conduite est facilement dévoilée. Ne nous abusons pas sur l'influence de nos torts. Les femmes sont disposées à croire notre infidélité aussi coupable que la leur. Elles jugent avec leur cœur plus qu'avec leur raison, et, comme il est un point où les délits se confondent et n'admettent pas de degrés entre eux, elles croient la violation de notre engagement équivalente à celle dont les suites sont cependant plus graves. Toutes n'emploient pas une vengeance aisée ; elles se vengent, au moins, par leurs reproches, leurs plaintes, leur tristesse, et le bonheur s'enfuit.

Une autre cause de désunion est l'humeur altière de quelques femmes : il en est de trop persuadées que la fidélité renferme tous leurs devoirs. Plus d'un homme, tourmenté chaque jour par un être impérieux et bizarre, se sent près, quelquefois, d'envier le sort du mari bénin qu'endorment de trompeuses caresses. De même qu'il ne suffit point, pour être un honnête homme, d'éviter les délits, on devrait réserver le nom d'honnêtes femmes à celles qui, non-seulement sont chastes, mais qui savent encore, par des soins attentifs, répandre le bonheur autour d'elles.

J'ai pensé, d'abord, que l'humeur des femmes acariâtres était produite par la contrainte que nos lois sur la fidélité leur imposent. Je me trompais : plusieurs sont acariâtres et coquettes. S'il faut mépriser l'homme qui, plein d'amabilité chez les autres, devient maussade ou brusque chez lui, quel sentiment doit exciter la femme qui tyrannise impitoyablement un trop faible mari, et qui, charmante dans le monde, prodigue aux étrangers son enjouement et ses grâces ?

Des femmes d'un caractère très-différent chassent aussi le bonheur de la famille. Aimées de leurs maris, qu'elles croient adorer, elles leur rendent la vie insupportable ; une femme atteinte de cette aberration d'esprit est sans confiance, exigeante, jalouse, dominatrice ; elle voudrait tenir toujours son esclave à la chaîne. Connaissant la crainte que son mari a de l'affliger, elle se désole à tout propos, en l'accablant de marques de tendresse. Le mari, avec plus de raison et de fermeté, en s'y prenant de bonne heure, aurait pu épargner bien des tourmens à lui et à cette insensée. La maladie dont je parle est fort difficile à guérir, lorsqu'on n'a pas su dissiper ces premiers symptômes.

Je puis affirmer que des hommes très-judicieux sur d'autres sujets pensent que les Orientaux ont établi dans leurs maisons la seule police raisonnable. J'ai douté longtemps qu'une pareille idée fût sérieuse. Quand l'esclavage existe dans la famille, il existe aussi dans l'État. Le despote qui fait trembler ses femmes ne prendra pas d'autres habitudes avec des êtres moins dignes de l'intéresser. Les chaînes s'étendent de proche en proche, et le despotisme domestique enfante le despotisme politique. Mais des dangers non moins réels menacent la société, aux époques de galanterie et de mollesse, où l'opinion nous prescrit la soumission envers les femmes.

L'homme doit exercer l'autorité, et la femme doit obtenir sur lui de l'influence. La force de l'homme et son aptitude à la contention d'esprit font assez connaître que la nature lui destine l'autorité. Pour l'en déposséder, il faudrait que l'être faible apprît à se livrer aux méditations politiques, à vaincre les fatigues, à manier des armes, et condamnât l'être fort aux soins paisibles du ménage. Il faudrait, en un mot, que la femme devînt homme; ce qui démontre à quel sexe appartient le pouvoir.

Mais je vois les défauts de l'homme naître, en général, de l'abus de la force, et, près de lui, je vois sa compagne douée de qualités qui peuvent tempérer ces défauts. Je desire qu'elle les adoucisse, et les moyens qu'elle a reçus pour y parvenir annoncent que telle est réellement sa destination. Pour nous captiver, la femme a ses charmes, son caractère, mélange heureux de sensibilité, de courage et de légèreté, enfin, son adresse, qu'elle doit à la nature même et qu'excite la réserve constante que l'éducation lui impose. Ainsi, les imperfections et les qualités des deux sexes concourent à les rapprocher; ainsi, pour leur bonheur mutuel, l'homme doit avoir l'autorité, et la femme doit exercer sur lui de l'influence.

Quand la femme ordonne, je cesse d'apercevoir deux époux; je vois un esclave méprisable et un despote ridicule. Vainement supposerait-on ses ordres conformes à la sagesse, à la justice; ils sont absurdes, par cela même qu'ils sont des ordres. Les vertus que l'homme peut devoir à sa compagne ont du rapport avec l'amour, qui veut être inspiré et qui fuit la contrainte. Dans une seule circonstance, la femme s'honore en prenant l'autorité : c'est celle où des revers accablent son époux. Il n'est plus son appui, elle devient le sien ; mais, soit qu'elle réveille en lui l'espérance, soit qu'elle le fasse rougir de recevoir l'exemple du courage, elle doit aspirer à lui rendre le rang d'où le malheur l'a fait descendre.

Une vérité peu contestable, c'est que souvent les époux s'aiment plus qu'ils ne le croient. S'ils paraissent indifférens ou près de se haïr, qu'un d'eux soit atteint d'une maladie grave, l'autre se livre à des alarmes sincères ; l'habitude lui ferait regretter même les peines auxquelles il est accoutumé. Quand un mari et une femme se plaignent de leur sort, je conseillerais à chacun d'eux, au lieu de chercher trop exclusivement à corriger l'autre, de lui donner l'exemple de la douceur et de l'indulgence. Le mari peut n'être coupable que d'une erreur passagère ; il peut se trouver infidèle sans être inconstant ; et quel tort pour celle qui l'accuse, si ses soupçons étaient faux, si, tourmentée par des chimères, elle seule troublait la paix du ménage? La femme peut avoir une humeur inégale, sans mériter moins d'être chérie. La santé des femmes est faible ; son influence sur leur caractère est sensible ; leurs torts peuvent être indépendans de leur vo-

lonté. Oh! que deux époux, avant de renoncer au bonheur qu'ils avaient espéré et qu'ils s'étaient promis, épuisent tous leurs soins pour le réaliser, pour le fixer près d'eux! Le bonheur le plus pur est celui de deux êtres qu'unissent l'estime et l'amour. Quel tableau touchant présentent ces lignes! « J'ai vu, pendant
« mon séjour en Angleterre, un homme du
« plus rare mérite, uni depuis vingt-cinq ans
« à une femme digne de lui. Un jour, en nous
« promenant ensemble, nous rencontrâmes ce
« qu'on appelle en anglais des *gypsies*, des
« bohémiens, errant souvent au milieu des
« bois, dans la situation la plus déplorable ; je
« les plaignais de réunir ainsi tous les maux
« physiques de la nature. *Eh bien!* me dit alors
« M. L., *si, pour passer ma vie avec elle, il*
« *avait fallu me résigner à cet état, j'aurais*
« *mendié depuis trente ans, et nous aurions en-*
« *core été bien heureux.* — Ah! oui, s'écria sa
« femme, *nous aurions encore été les plus heu-*
« *reux des êtres* (1)! »

(1) *De l'influence des passions*, par Mme de Staël.

CHAPITRE XII.

DES ENFANS.

Un des beaux jours, et peut-être le plus beau de la vie, est celui où la naissance d'un enfant ouvre notre âme à des émotions qu'elle ignorait encore. Cependant, que de tourmens vont suivre cette époque ! Pourrais-je peindre l'attention inquiète qu'on porte sur ses enfans, les angoisses qu'excitent leurs souffrances, l'anéantissement où l'on est plongé quand on craint de les perdre ? Les alarmes ne finissent pas avec leur premier âge ; il en est pour tous les instans, et c'est jusqu'au dernier soupir qu'on veille d'inquiétude, occupé de leur sort

La satisfaction qu'ils procurent est bien vive, puisqu'elle surpasse tant de peines ! Nous n'avons pas besoin, pour les aimer, de songer qu'ils répondront à nos soins, qu'ils nous les rendront un jour ; s'il est dans le cœur de l'homme un sentiment désintéressé, c'est l'amour paternel. Notre tendresse pour nos enfans est indépendante de la réflexion; nous les aimons parce qu'ils sont nos enfans ; leur existence fait partie de la nôtre, ou c'est plus que la nôtre. Le bonheur qu'on leur doit résulte de tout ce qui leur est utile, de tout ce qui les intéresse ; il naît de leur santé, de leur gaîté, de leurs amusemens ; on leur sait gré de leurs plaisirs.

Le but qu'il faut se proposer, en les élevant, est de leur apprendre à jouir sagement des jours qui leur seront accordés. Montaigne a vanté l'influence de la douceur sur l'esprit et sur les mœurs de la jeunesse ; il empruntait au bon Plutarque une partie de ses idées qui, reproduites par Jean-Jacques, ont enfin opéré dans l'éducation un changement heureux. Que j'aime à trouver ainsi les mêmes idées énoncées, répétées, dans différens siècles, par des hommes éclairés ! C'est surtout une si noble persévérance qui rend probable quelque amélioration dans les destinées humaines.

Mais à peine un changement est-il obtenu que des esprits superficiels ou chagrins voient seulement les inconvéniens qui l'accompagnent, et voudraient, au lieu de les corriger, retourner au point d'où l'on est parti. Quelques personnes regrettent la sévérité de l'ancienne éducation, et s'imaginent qu'il est sage de faire éprouver aux enfans des contrariétés, des ennuis, afin, disent-elles, de les accoutumer aux peines de la vie. Trouveraient-elles utile de se donner des contusions, pour se préparer à souffrir celles qu'on recevra par maladresse? Il est avantageux, dit-on, de placer l'apprentissage des douleurs à l'époque où les chagrins sont légers. Cette phrase, comme tant d'autres, est un mélange de vérité et d'erreur. Les peines de l'enfance nous semblent faciles à supporter; elles sont loin de nous, et nous n'avons plus à les craindre : mais l'enfant, qui passe une année sous la férule d'un maître sévère, est aussi malheureux qu'un homme privé pendant un an de sa liberté; encore ce dernier est-il moins à plaindre, puisqu'il doit trouver des forces dans sa raison et dans son caractère. Imprudens! vous voulez que des êtres, dont le sort est dans vos mains, sacrifient le présent à l'incertain avenir! Dépendra-t-il de vous de leur rendre ce que vous leur ôtez? L'instant où vous les éloignez du bonheur est peut-être le seul où ils devaient en jouir. Ah! dans le malheur affreux d'être privé de ses enfans, s'il est une consolation, c'est de pouvoir se dire : Du moins, j'ai su les rendre heureux, pendant le peu de jours qu'ils m'ont été confiés!

Il n'appartient qu'à la nature de leur envoyer des peines; notre tâche est de leur apprendre à les adoucir. Je vois avec intérêt un enfant regretter le jouet qu'il a brisé, ou pleurer l'oiseau qu'il élevait : la nature lui fait essayer ainsi la douleur, et le prépare à supporter un jour des pertes plus amères. Sachons la seconder avec prudence. Pour consoler cet enfant, ne nous empressons pas de changer le cours de ses idées fugitives, et d'effacer un chagrin par un plaisir. Il faut que son courage, que sa jeune raison s'exercent. Partageons d'abord ses regrets, faisons-lui sentir ensuite l'inutilité des larmes; accoutumons-le à ne point lutter quand les efforts seraient vains; et formons-le à porter sans murmure le joug de la nécessité.

Loin de confondre la faiblesse avec la douceur, j'improuve toutes les familiarités nuisibles à la subordination. Le tutoiement, que la mode a fait généralement adopter, introduit entre les pères et les enfans une égalité ridicule. Je vois avec douleur les progrès d'un luxe dangereux. Les cadeaux, les parures qui eussent fait autrefois le bonheur de dix enfans, suffisent à peine pour contenter les fantaisies d'un seul; et les folles complaisances des pères préparent aux maris une tâche difficile à remplir. Ne désapprenons point aux enfans à trouver eux-mêmes des plaisirs : leur âge les fait naître; et, pour qu'ils les saisissent, c'est assez que nous brisions leurs chaînes.

Il est pour eux deux sources de tourmens : l'une est la politesse. Nous voulons qu'ils soient de petits personnages; nous les astreignons à recevoir d'ennuyeux complimens, à répéter d'insignifiantes formules; ainsi la politesse, destinée à rendre la vie plus douce, commence par la tourmenter. Il semble que faire la révérence soit un art tellement difficile qu'on l'ignorerait toujours, si on ne l'étudiait pas dès l'enfance. Mais, ensuite, se flatte-t-on d'apprendre aux enfans à parler avec politesse, sans leur enseigner à mentir? On traite alors le mensonge de bagatelle : eh bien ! si l'on voulait préparer ses élèves à devenir flatteurs et fourbes, je demande quelle méthode on emploierait.

Le travail est l'autre source de peines. L'extrême curiosité des enfans annonce leur desir de s'instruire ; mais, au lieu d'en profiter, on l'étouffe. On rend l'étude ennuyeuse, et l'on dit : L'étude ennuie la jeunesse.

Lorsqu'un père est assez éclairé pour élever lui-même ses enfans, la plus sage méthode qu'il puisse employer est d'éloigner d'eux les rudimens, les dictionnaires, la contrainte, et de leur donner la première instruction en conversant avec eux. Alors, les idées que l'instituteur présente sont à la portée de son élève ; il l'exerce à observer, et l'accoutume à réfléchir ; il offre les sciences sous des rapports intéressans, il inspire l'ardeur de s'instruire ; et, de tous les résultats que l'enseignement peut avoir, c'est là le plus utile. A quinze ans, un jeune homme, élevé d'après cette méthode, connaîtrait plus de vérités, aurait moins d'erreurs que la plupart des jeunes gens de son âge ; on le distinguerait à son desir de cultiver des sciences qui, loin d'avoir jamais fait naître sa tristesse, auraient éveillé pour lui chaque jour de nouvelles idées et de nouveaux plaisirs. Je serais peu surpris toutefois d'entendre les graves admirateurs de la routine affirmer qu'une telle méthode ne formerait que des hommes superficiels. Doctes panégyristes de nos écoles, cette méthode était celle des Grecs. Puisqu'ils ignoraient l'art de rendre l'étude ennuyeuse, afin de répandre ensuite les bienfaits de la contrainte, sans doute leurs philosophes n'étaient que des raisonneurs vulgaires, sans doute leurs poètes et leurs artistes n'ont produit que d'informes essais (1)?

Au surplus, cette partie de l'éducation est

---

(1) Si l'on demande à quelle époque je placerais l'étude du latin, à l'époque, répondrai-je, où l'élève peut en apprécier l'utilité ; et l'on éviterait ainsi des inconvéniens assez graves : 1° celui de perdre beaucoup de temps pour apprendre une langue qu'il faut étudier de nouveau, après en avoir été fatigué pendant plusieurs années dans son enfance ; 2° celui de s'occuper très jeune d'un genre de travail tellement aride, quand on n'en voit pas les avantages, qu'il étouffe le désir de s'instruire ; 3° celui de commencer par une étude qui, ne mettant que des mots dans la tête d'un enfant, est la moins propre à développer son intelligence.

d'une légère importance près des deux autres, qui doivent donner à l'élève une santé robuste, une âme forte. Honteux et tyrannique empire de l'opinion! elle a plus de puissance que l'amour paternel. Au lieu d'enseigner gravement à son fils les futiles moyens de briller dans le monde, qu'un père ose lui dire : Échappe à la folie commune et sois heureux! Oblige ceux de tes semblables dont tu pourras adoucir les peines, offre à tous l'exemple des bonnes mœurs, et ne t'impose aucun autre devoir. Libre de soins intéressés et de soucis ambitieux, ne forme chaque soir que les projets nécessaires pour jouir encore d'un heureux lendemain. Vois s'écouler ainsi tes paisibles journées, arrive doucement à leur terme, et qu'au dernier moment tu puisses dire : Je n'ai connu que les douleurs dont il était impossible à la sagesse de repousser l'atteinte. O pouvoir des préjugés! pour donner de tels conseils à son fils, il faudrait, dans notre siècle, un courage héroïque.

Mais l'ingratitude si générale, dont se plaignent les pères, n'est-elle point le fruit amer de leurs propres leçons? Vos fils vous abandonnent, ils livrent à des mains mercenaires votre importune caducité : dans leur jeunesse, vous avez ri de leur insouciance pour la fortune, et vous vantiez alors l'ambition qui les emporte aujourd'hui loin de vous. Puisque l'objet de tous vos soins fut de leur enseigner à briller, n'attendez de leur vanité que de pompeuses funérailles.

J'admire la sagesse infinie, en voyant l'amour paternel plus inquiet et plus tendre que l'amour filial; l'intensité des affections devait se proportionner aux besoins des êtres qui les excitent. Mais l'ingratitude n'est point dans la nature, et d'autres leçons formeraient d'autres mœurs. En élevant nos enfans avec soin, en leur inspirant la modération des desirs, la crainte de l'éclat et du bruit, nous les rendrons heureux; et peut-être viendront-ils adoucir nos derniers instans, comme nous aurons embelli leurs premiers jours.

CHAPITRE XIII.

DE L'AMITIÉ.

Unissons à la famille quelques personnes dont les mœurs soient aimables et les goûts simples, et nous aurons achevé de peupler notre univers. S'il est rare de trouver des amis, n'est-il pas à peu près aussi rare qu'on en cherche réellement. Je vois l'intérêt ou le plaisir rompre des nœuds légers, formés pour un seul jour, et j'entends accuser l'amitié, qui, cependant, leur était étrangère!

On aime son ami sans intérêt vulgaire, on l'aime pour en être aimé; il fait partie de notre famille : un ami est un frère que nous avons choisi.

Qu'il devient précieux dans ces jours difficiles où l'on affligerait inutilement sa femme, ses enfans, en leur ouvrant son âme! On lui confie ses craintes; et, tandis qu'on s'efforce avec lui d'éloigner les périls qui menacent d'accabler la famille, elle repose dans une heureuse sécurité.

Tous les échanges sont avantageux avec un être qu'on aime et dont on est aimé. S'il souffre, on partage ses peines; mais la douleur qu'on ressent est adoucie par la certitude d'alléger la sienne, et par cette émotion qui naît dans notre âme aussitôt que nous remplissons un devoir. Lorsqu'à son tour on éprouve un revers, au lieu de se trouver seul avec le malheur, on reçoit des consolations si tendres, si touchantes qu'on cesse d'accuser le sort pour bénir l'amitié.

Mais ne voyons d'un sentiment si pur que ses plaisirs les plus simples, ces entretiens de deux hommes qui sont unis par les mêmes opinions, par les mêmes desirs, qui tous deux ont cultivé les lettres, les arts et la sagesse. Avec quelle rapidité les instans disparaissent dans ces entretiens pleins de charmes! Les heures consacrées à l'étude sont moins douces, et peut-être moins instructives.

Un ami est d'une autre nature que le reste des hommes. Ceux-ci nous dissimulent nos défauts, ou nous en font apercevoir avec malignité; un ami nous en parle sans nous blesser; il nous reproche nos fautes, et, dans le monde, il sait les excuser.

On ne sent à quel point il peut être cher qu'après avoir été longtemps le compagnon fidèle de sa bonne et de sa mauvaise fortune. Que d'émotions on éprouve en se livrant au souvenir des périls communs, si l'on a traversé avec lui les orages d'une longue révolution ! Ce n'est jamais sans attendrissement qu'on se dit : Nous avions mêmes pensées et mêmes espérances ; tel événement nous pénétra de joie, tel autre nous fit gémir. Unissant nos efforts, un jour nous parvînmes à sauver un infortuné ; il nous pressa tous deux ensemble dans ses bras. Bientôt des dangers nous menacèrent : il fallut fuir, le sort nous sépara ; mais nous étions toujours présens l'un à l'autre. Il craignait pour moi, je craignais pour lui. Je lisais encore dans son âme; je disais : Telle frayeur l'agite, il forme tel projet, il conçoit telle espérance. Enfin, nos peines ont disparu; et combien le repos a de charmes! nous le goûtons ensemble.

C'est une absurdité que de s'enorgueillir de la réputation d'un homme à qui l'on est uni par les liens du sang ; mais on peut être fier des rares qualités de son ami. Les nœuds qu'il a formés ne sont point l'ouvrage du hasard ; et, puisqu'on a mérité son estime, on lui ressemble au moins par les qualités du cœur.

Je prends une haute opinion de l'homme à qui j'entends exagérer ou les talens ou les vertus de ses amis. Il possède les qualités dont il parle, puisqu'il a besoin de les supposer à ceux qu'il aime.

Noble et pur sentiment, l'amitié eut ses paisibles héros. Des noms que célébrait la Grèce antique s'offrent à la mémoire ; mais, dans nos temps modernes, il est encore des amis dont le souvenir peut-être sera cher à la postérité. Tous les hommes qui connurent Dubreuil et Pechméja parlent avec respect de leur tendresse mutuelle. On demandait à Pechméja quelle était sa fortune. Aussi bon, aussi simple que La Fontaine, il répondit : *Je n'ai que douze cents livres de rente, mais Dubreuil est riche.* Celui-ci, peu de jours avant de mourir, lui disait : *Pourquoi laisse-t-on entrer tant de per-*

sonnes dans ma chambre? Ma maladie est contagieuse, il ne devrait y avoir ici que toi. C'est ainsi qu'ils étaient unis et savaient peu se distinguer l'un de l'autre.

En révérant l'amitié, ne craignons point d'assigner le rang qu'elle doit occuper dans nos cœurs. Une femme est la véritable compagne de notre destinée, et l'amitié ne doit être que l'auxiliaire de l'amour (1).

Je pense même que les moralistes ont voulu rendre trop exclusif un sentiment paisible, une passion douce, la seule qui soit exempte d'orages. Je sais combien nos affections, en se multipliant, s'affaiblissent, et je goûte cette pensée d'un vieil auteur : *La nature d'amour est telle que*

---

(1) L'affectation de sensibilité me choque plus encore dans les auteurs qui parlent d'amitié que dans ceux qui parlent d'amour. Les premiers ont moins d'excuses. Sterne dit dans un sermon : « J'ai besoin d'un ami, d'un compa-
« gnon de voyage, quand ce ne serait que pour lui montrer
« combien nos ombres grandissent à mesure que le soleil
« baisse, quand ce ne serait que pour lui dire : Oh! comme
« la face de la nature est fraîche et colorée! combien les
« fleurs des champs sont belles! combien les fruits des
« arbres sont délicieux! » Quelles puérilités! quelles niaiseries sentimentales !

desgros fleuves qui portent de grosses charges; s'ils sont divisés, n'en portent plus (1). Toutefois, on ne profane point le nom d'ami en le donnant à plusieurs hommes, s'ils inspirent une haute estime, un tendre intérêt, si l'on ressent toutes leurs peines, tous leurs plaisirs (2), et si l'on est capable de dévoûment envers eux.

Un sentiment plein de délices est l'amitié inspirée par une femme. On a demandé s'il peut exister, ou, du moins, s'il peut être toujours pur. Oui, quand le trouble de la jeunesse n'agite plus notre âme. On goûte alors un sentiment d'autant plus enchanteur que la différence des sexes, qu'on ne peut entièrement oublier, rend l'amitié plus tendre, lui donne quelque chose de touchant et de vague, et, pour ainsi dire, un charme idéal.

Oh! pourquoi l'amour et l'amitié peuvent-ils cesser d'exister? Pourquoi ne sont-ils pas éter-

---

(1) Charron.

(2) Il est pour bien des gens moins difficile de partager les peines que les plaisirs de ceux avec lesquels ils sont liés. Tel n'avait point abandonné dans le malheur un autre homme, qui, le voyant tout à coup dans la prospérité, murmure et le regarde avec un œil d'envie.

nels dans tous les cœurs? Si l'on est trompé dans ses affections, le plus sûr moyen d'adoucir sa douleur est de former encore des résolutions généreuses pour conserver, pour exalter l'estime de soi-même. Si ton ami t'abandonne, si ta femme se rend indigne de ton amour, n'ajoute pas au poids de tes chagrins le fardeau de la haine ; qu'elle ne prenne jamais la place des sentimens qui faisaient ton bonheur : pardonne aux êtres dont tu fus aimé les peines qu'ils te causent, en te souvenant des jours qu'ils ont embellis pour toi.

Mais les trahisons, les perfidies ne sont fréquentes que dans le tourbillon du monde, où tant d'intérêts opposés, tant de plaisirs trompeurs étourdissent et divisent les hommes. Des êtres simples et bons, dont la vie s'écoule dans une douce retraite, sentent mieux chaque jour le prix des nœuds qui les unissent; une obscurité tutélaire voile et conserve leur bonheur.

Je ne me fais point illusion sur les hommes ; les erreurs, les travers, les vices qu'on leur reproche existent ; et la plupart des satires sont des tableaux fidèles. Mais on trouve encore quelques personnes dont les mœurs sont franches, le cœur droit et l'esprit aimable; c'est assez pour former ce monde nouveau dont j'ai parlé. On déclame contre les hommes; j'ai mieux fait, je me suis éloigné d'eux, et, renfermé dans le cercle d'une société peu nombreuse, il n'est plus pour moi ni sot ni méchant sur la terre.

Nous avons examiné les biens essentiels, la tranquillité d'âme, l'indépendance, la santé, l'aisance et l'affection de quelques-uns de nos semblables. Je vais offrir encore diverses observations; mais, lecteur, je trace un essai et n'ai point la prétention de composer un traité. Des mains plus habiles que les miennes construiront un temple au bonheur; c'est assez pour moi de faire apercevoir les sites rians au milieu desquels on pourrait l'élever.

CHAPITRE XIV.

DES PLAISIRS DES SENS.

La nature a voulu que chacun de nos sens fût une source de plaisirs; mais, si, nous ne cherchons que des sensations physiques, nous épuiserons les jouissances vulgaires, nous mourrons sans avoir connu la volupté.

Moins les plaisirs s'adressent directement à l'âme, moins ils ont de puissance pour nous intéresser; plus, au contraire, ils réveillent d'idées, plus ils sont vifs et durables; ils deviennent célestes, quand ils inspirent de vagues et douces rêveries. Observons quelques plaisirs des sens; toujours nous verrons leur charme s'accroître, à mesure que, s'épurant et perdant, pour ainsi dire, ce qu'ils ont de physique, ils se transformeront en jouissances morales.

Je regarde un tableau : il représente un

vieillard, un enfant, une femme qui fait l'aumône, un soldat dont l'attitude exprime l'étonnement. J'admire la pureté du dessin, la vérité du coloris; ma vue est flattée; cependant j'oublierai bientôt cet ouvrage si j'ignore quel en est le sujet. Tout à coup une inscription me frappe: *Date obolum Belisario*. Je m'attendris alors, les idées se pressent en foule dans mon esprit, et j'entends les hautes leçons que l'artiste me donne. Je veux souvent revoir ce tableau, contempler Bélisaire victime de l'ingratitude et l'enfant qui le guide tendant un casque pour recevoir l'aumône.

Les points de vue qui, dans la campagne, arrêtent longtemps nos regards, sont ceux qui réveillent des idées d'innocence et de paix dont le cœur est ému, ou des idées de puissance et d'immensité qui remuent l'âme et l'élèvent. Les tableaux de la nature sont, aussi bien que ceux des hommes, susceptibles d'être embellis par des idées morales. J'aperçois, en voyageant, une île riante, environnée d'un lac paisible. Tandis que je me plais à la considérer, j'apprends que c'est l'île de Saint-Pierre, qui fut habitée par Jean-Jacques. Combien alors l'intérêt que j'éprouvais s'accroît ! C'est là que l'instituteur d'Émile et le peintre de Julie desirait d'achever sa carrière; c'est là qu'il fut heureux ! Je cherche à retrouver ses traces dans ces lieux qu'il aimait : je crois le voir, sans soin, sans regret, à l'abri des regards importuns, contempler en rêvant la nature, et s'élever à son divin auteur.

Les sites, qui par eux-mêmes n'ont aucun charme, deviennent les plus beaux, dès qu'ils réveillent de touchans souvenirs. Supposez-vous jeté chez l'étranger par le malheur; on essaie de dissiper vos peines, on vous dit : Ces contrées sont hospitalières, et la nature y déploie ses richesses; venez en jouir avec nous; une patrie agitée et des frères ingrats valent-ils un asile heureux et des amis fidèles? Les campagnes riantes qui s'offrent à vos regards ont peu d'attrait pour vous ; mais, tandis que vous les parcourez avec indifférence, vous entrevoyez dans le lointain des collines grisâtres que personne ne vous fait remarquer. Elles ressemblent à des monts agrestes de votre pays; aussitôt vous avez peine à cacher votre émotion, et vos yeux se remplissent de larmes. Ils quittent à regret ces collines ; au milieu d'un riche paysage, elles seules vous intéressent ; chaque jour vous irez les revoir, leur demander des souvenirs et des illusions, seuls plaisirs de l'exil.

Tous les sens offrent des exemples en faveur de la théorie que j'expose. Le toucher veille à notre conservation, et donne moins de sensations agréables que d'utiles secours. C'est dans l'union des sexes qu'il fait éprouver ses plaisirs les plus vifs. Lorsqu'un homme célèbre a dit que l'amour physique est le seul qui mérite d'exciter le desir, il n'a prouvé que la sécheresse de son âme. Dépouiller les plaisirs de l'amour des idées qui flattent le cœur, c'est leur enlever ce qu'ils ont de plus séduisant. Si ce principe est faux, pourquoi la pudeur, l'innocence et les grâces naïves sont-elles enchanteresses ? Cette vérité, qu'il existe un attrait plus puissant que l'attrait physique, n'est pas même ignorée des femmes perdues de mœurs ; et les plus dangereuses sont celles qui feignent d'avoir encore ou de regretter les vertus qu'elles ont dédaignées.

Les hommes qui ne cherchent dans les plaisirs du goût que des sensations physiques, dégradent leur âme, et finissent leur inutile existence dans les infirmités de l'abrutissement. Il faut que les plaisirs du goût servent à rendre plus vifs d'autres plaisirs. Des amis qu'un souper délicat non somptueux réunit, jouissent mieux du plaisir d'être ensemble ; ils le prolongent, et les momens qui s'écoulent voient croître l'abandon. Nous n'avons pas de mot pour désigner cet état éloigné de l'ivresse, où cependant on éprouve une effervescence légère, qui rend la gaîté plus vive, l'imagination plus brillante, la philosophie plus douce et plus facile. Tous les objets se présentent sous un aspect riant ; un voile heureux s'étend sur les peines qu'on a souffertes, sur celles qui s'approchent : le vin, plus puissant que les eaux du Léthé, ne fait pas seulement oublier le passé, il embellit l'avenir. Mais sans doute Horace, Anacréon, Chaulieu goûtaient avec modération des plaisirs que l'habitude eût affaiblis, et que l'excès eût rendus dangereux.

Les plaisirs de l'odorat ne sont vifs que lorsqu'ils donnent à l'esprit une exaltation légère et vague. Si les Orientaux aiment avec passion à respirer des parfums, ce n'est pas seulement pour éprouver des sensations physiques : une atmosphère embaumée enivre leurs sens, dispose leur esprit aux douces rêveries, et nourrit de chimères leur imagination rêveuse.

Si j'écrivais un traité sur le sujet qui nous occupe, le sens de l'ouïe m'offrirait une foule d'observations. Le rossignol, par ses accens variés et brillans, nous ravit ; mais quelle différence de l'entendre lorsqu'il est emprisonné dans une cage, ou de l'écouter la nuit sous des bosquets, tandis qu'un air frais et pur délasse de la chaleur du jour, et que la faible lumière, répandue sur tous les objets, dispose à la mélancolie qu'exprime le chant de l'oiseau solitaire !

Une symphonie savante dont les sons ne flattent que l'oreille, est bientôt fastidieuse à la plupart de ceux qui l'écoutent. Quand la musique n'a point d'expression déterminée, il faut qu'elle inspire la rêverie, et produise sur nous un effet semblable à celui des parfums sur les Orientaux.

On déploie dans un opéra tout le luxe des arts ; il étonne, il séduit ; les impressions se succèdent avec rapidité, et nous croyons ne pouvoir en éprouver de nouvelles. Peut-être, à la sortie du théâtre, recevrons-nous des émotions plus vives, si le hasard nous fait entendre un air que chantait, dans notre enfance, une voix qui nous est chère. Si l'on fut élevé dans les montagnes de l'Auvergne ou de la Savoie, une chanson rustique fait oublier le spectacle pompeux qu'on vient d'admirer ; les merveilles dont on était ravi s'effacent de la mémoire, et l'on s'abandonne avec attendrissement aux doux souvenirs de l'enfance et de la patrie.

Ces observations, qu'il serait facile de multiplier, suffisent pour jeter du jour sur la théorie que j'esquisse. Si vous voulez conserver de l'élévation à votre âme, de la fraîcheur à votre imagination, choisissez parmi les plaisirs des sens ceux qui s'allient à des idées morales. Faibles, quand ils sont privés du secours de ces idées, ils deviennent funestes quand ils les excluent. Oser les goûter alors, c'est sacrifier les plaisirs durables aux plaisirs éphémères, c'est agir comme l'imprudent qui dépouille un arbre de ses fleurs, pour respirer leur parfum : il perd les fruits qu'il devait recueillir, et bientôt il voit les fleurs se faner.

CHAPITRE XV.

DES PLAISIRS DU CŒUR.

Le Créateur déploie dans ses dons une magnificence qui doit toucher notre âme. Quelle variété dans les sentimens affectueux dont l'homme est appelé à goûter les délices! Sans sortir du cercle de la famille, on voit s'offrir la piété filiale, l'amitié, l'amour et la tendresse paternelle. Ces divers sentimens peuvent exister à la fois dans nos cœurs; loin de se nuire, chacun d'eux semblent donner une vie nouvelle à tous les autres! Ah! sans doute, le besoin de tant d'affections et d'appuis atteste notre faiblesse et notre dépendance. Mais je conçois à peine le bonheur qu'un être moins imparfait trouverait en lui-même; et je bénis ma faiblesse, puisqu'elle est la source d'affections si tendres et de plaisirs si purs.

Gardons-nous de confondre la sensibilité

qu'exigent les plaisirs du cœur, avec celle qui produit les caractères passionnés : elles diffèrent autant que la chaleur de la vie et l'ardeur de la fièvre. L'oisiveté, les objets propres à frapper fortement l'imagination, les maximes qui corrompent l'esprit, développent une sensibilité vague et brûlante, qui conduit quelquefois au crime et toujours au malheur. Il en est une autre que la raison approuve, que la vertu conserve ; on lui doit ces émotions pures qui donnent sur la terre un sentiment confus des voluptés célestes.

Quelques hommes cependant la redoutent, supposent qu'elle multiplierait leurs peines et s'étudient à l'étouffer dans leur âme. On les présenterait facilement sous un aspect odieux ; jugeons-les sans partialité.

Le célèbre Hume, dont je pourrais citer plusieurs traits honorables, disait à quelqu'un qui lui confiait des chagrins secrets : « Vous avez une ennemie qui vous empêchera d'être heureux ; c'est votre âme sensible. — Eh quoi ! répondit son interlocuteur avec une sorte d'effroi, n'avez-vous pas de sensibilité ? — Non. — Vous ne souffrez pas, quand vous voyez souffrir? — Non. Ma raison seule me dit qu'il est bien d'apaiser la douleur (1). »

Si l'on réfléchit sur la réponse de Hume, on est frappé d'abord par cette idée que la plupart de ceux qui voudront adopter ses principes ne s'arrêteront pas au même point que leur modèle. Ils tomberont dans la classe des êtres abrutis qui voient toutes les calamités d'un œil sec, pourvu qu'elles ne retranchent rien de leurs jouissances.

Je suppose qu'ils suivent mieux les leçons du philosophe anglais, et que sans émotion, sans trouble, ils tendent à ceux qui souffrent une main secourable. C'est assez peut-être aux yeux de la froide raison ; mais un noble instinct repoussera toujours cette étrange morale qui dénature le cœur humain, et le prive, pour

---

(1) Si nous étions plus familiarisés avec les divers systèmes de philosophie, nous serions moins surpris de ces paroles : elles sont conformes aux principes des stoïciens. Juste Lipse, qui, dans un siècle moderne, a reproduit leur doctrine, veut qu'on secoure les malheureux sans s'attendrir : « C'est la preuve, dit-il, qu'on a de mauvais yeux, que
« de loucher en regardant ceux qui louchent; c'est de même
« la marque d'un esprit faible, que de s'affliger à l'aspect
« de ceux qui s'affligent. » *De la Constance*, livre Ier.

ainsi dire, de ses faiblesses. Nous ne voulons pas même qu'un homme oppose trop de courage à ses propres malheurs ; et les larmes qu'il verse, en éprouvant une perte cruelle, sont une garantie qu'il nous donne de la part qu'il prendrait à nos peines.

De deux conditions qu'un vil proverbe exige pour être heureux, l'une est d'avoir un mauvais cœur. L'adage de l'égoïsme est vrai sous ce rapport, qu'étouffer sa sensibilité est un moyen d'éviter des souffrances. Cyniques philosophes, s'il ne s'agit que d'échapper à la douleur, mourir est un moyen plus sûr encore.

Le secret d'être heureux n'est pas celui d'éviter tous les maux, car il faudrait alors ne rien aimer. S'il est un sort digne d'envie, c'est celui de l'homme sensible et bon qui voit son ouvrage dans la félicité de tous ceux qui l'entourent. Cherche à t'environner d'êtres heureux. Que le bonheur de ta famille soit constamment l'objet de tes pensées ; préviens les desirs de tes amis, et devine leurs peines. Inspire l'affection et la fidélité à tes domestiques, en leur assurant une douce vieillesse. Conserve les mêmes ouvriers, et donne-leur au besoin tes secours et tes conseils. Enfin, dans la maison du père de famille, que tous les êtres ressentent le bonheur : oui, tous ; et les animaux mêmes, soignés avec vigilance, traités avec douceur, doivent y recevoir le prix de leurs services (1).

(1) Je n'aime point ces charlatans de sensibilité qui vouent aux animaux leur tendresse ; on ne vante de prétendus devoirs que pour se singulariser, et rarement on se les impose sans négliger les devoirs véritables. Mais ne confondons point l'humanité avec une sensibilité factice. Cruel envers les animaux, on peut le devenir envers les hommes. Souvent des amis de la morale publique ont demandé qu'on défendît ces jeux barbares, encore usités dans quelques villages, où les paysans prennent pour but un pauvre animal qui souffre, pendant plusieurs heures, avant que d'expirer, meurtri, mutilé par les bâtons et par les pierres qu'on lui lance. J'ai peine à concevoir que, dans les villes, on permette de donner en spectacle des combats d'animaux : c'est laisser ouvrir de véritables écoles de férocité. Je crois que je préférerais encore ces combats auxquels les Espagnols se portent avec tant de fureur. Là, des hommes hasardent leur vie ; on voit du moins des exemples de courage ; mais, dans un cirque, où des dogues qu'on excite déchirent, mettent en pièces un malheureux taureau épuisé par la faim, on n'a devant les yeux qu'un exemple de la plus lâche barbarie. Sans se repaître de pareils spectacles, c'est bien assez d'être si souvent témoin de l'inhumanité avec laquelle on traite les animaux, de voir frapper sans relâche de misérables chevaux,

Je n'offrirai que des idées rapides sur les plaisirs de la bienfaisance. Lecteurs, de tels plaisirs vous sont familiers ; et les mouvemens de votre cœur sont plus instructifs que ne le seraient mes leçons.

J'estime peu ces gens qui craignent toujours qu'on ne les trompe en sollicitant leur pitié. Dans le doute si ce secours est ou n'est pas mérité, donnez-le ; c'est vous exposer à l'erreur la moins sujette au repentir.

Mais ce n'est point imiter ces êtres défians que de chercher avec zèle, avec intelligence, l'emploi le plus utile à faire de ses dons. On accroît ainsi sa modique fortune, puisqu'on multiplie réellement ses bonnes œuvres. Les moyens de faire le bien sont aussi variés que les misères et les souffrances. Sans vouloir rien d'exclusif, je pense que les pères et les mères de famille ont les premiers titres à la bienfaisance, et que le plus sûr moyen de leur procurer un bien durable, est de mettre leurs enfans

---

qui succombent sous les fardeaux dont on les a chargés, ou de voir conduire à la boucherie, à grands coups de bâton, ces troupeaux autour desquels courent en aboyant des chiens aussi féroces que leurs maitres.

en état de travailler. Si, dans ce but, on se réunit plusieurs, on fera beaucoup avec peu. Il est plus facile qu'on ne le croit de garantir des jeunes gens du vagabondage, des jeunes filles du désespoir et de l'opprobre ; elles auraient vécu malheureuses et méprisées ; un jour peut-être à leurs bénédictions pour vous s'uniront celles de leurs maris et de leurs enfans.

Il y a des infortunés, et ce sont quelquefois les plus à plaindre, qui n'ont pas besoin de secours pécuniaires : il leur faudrait des consolations et des conseils. Sans argent, on peut donc exercer encore la bienfaisance. C'est remplir un de ses devoirs les plus touchans que de sauver du découragement un être qui gémit sous le poids d'une première faute, que de ranimer pour lui la tendresse de ses proches en leur disant : On ne recouvre pas l'innocence, mais le repentir peut rendre la vertu.

Si l'on a quelque accès près d'hommes puissans, on doit remplir une tâche honorable, mais difficile. Pour solliciter fréquemment, sans perdre la considération nécessaire au succès, il faut de l'esprit et de la dignité, surtout il faut du zèle. Si l'on veut obliger du fond de son cabinet, on voit bientôt disparaître son faible crédit : les lettres de recommandation ressemblent aux assignats qui valent de l'argent, quand ils sont peu nombreux ; mais qui ne sont que du papier, quand on les multiplie.

Pour jouir des charmes de la bienfaisance dans toute leur pureté, évitons que l'amour-propre les altère ; il ne donne que les plaisirs de la vanité, plaisirs imparfaits où le cœur n'a point de part. La bienfaisance ressemble à l'amour : pour enivrer l'âme de ses faveurs les plus douces, elle a besoin comme lui de l'ombre et du mystère.

Tels sont les charmes de cette vertu que lorsque nous refusons de la pratiquer, nous aimons encore ce qui vient en retracer l'image ; mais, laissant alors la réalité pour l'apparence, nous n'embrassons que l'ombre du plaisir. Au lieu de mouiller de pleurs les pages d'un roman, nous pourrions entendre raconter des histoires plus touchantes par de véritables victimes de l'injustice et du malheur. Nous restons attendris devant ce tableau où nous voyons un vieillard qui se dépouille de ses habits pour réchauffer un enfant. L'original de cette composition existe, et, sans doute, il a droit à plus d'intérêt que cette toile inanimée. Notre âme s'élève, lorsqu'au théâtre nous entendons les accens de la générosité et ceux de la reconnaissance ; elle s'élèverait bien davantage, si nous entendions les actions de grâces d'une famille qui nous devrait le retour de son bonheur.

L'attrait de la bienfaisance est si vif qu'il suffit, pour être ému, de songer à ceux qui l'exercent. Les cœurs les plus froids paient un tribut de vénération à ces femmes qui, se consacrant au service des pauvres et des malades, supportent les fatigues, les dégoûts et même les injures, pour épargner une souffrance à celui qui va mourir. Elles savent employer la patience pour guérir les maladies du corps, et l'espérance pour adoucir celles de l'âme. Êtres faibles, qui pratiquez des vertus si touchantes, vous avez raison d'espérer les récompenses du ciel ; elles seules sont dignes de vos âmes pures : vous ne semblez descendus un instant sur la terre que pour y remplir une mission céleste, et retourner ensuite dans votre patrie.

CHAPITRE XVI.

DES PLAISIRS DE L'ESPRIT.

Dans l'homme sauvage, les facultés intellectuelles dorment. Dès que ses appétits sont satisfaits, il n'aperçoit ni plaisir qu'il puisse desirer, ni peine qu'il doive craindre; il se couche et sommeille. Ce bonheur négatif désolerait l'homme civilisé. Toutes ses facultés ont pris l'essor; il éprouve un besoin nouveau, que des occupations graves ou futiles, mais promptement renaissantes, peuvent seules apaiser. S'il est entre elles des intervalles qui ne soient remplis ni par un repos nécessaire, ni par les souvenirs, l'ennui vient, et lui fait tristement mesurer la longueur de ces lacunes de la vie.

Après le vice, ce qu'il faut éviter avec le plus de soin c'est l'ennui. Certaines gens l'éloignent sans effort. Mon voisin, honnête rentier, va déjeuner tous les jours dans le même café. Là, il s'installe ; il lit une douzaine de gazettes qui se sont copiées. Prolongeant à plaisir sa lecture, prenant gravement du repos, il communique, tantôt avec finesse, tantôt avec emphase, ses réflexions aux habitués qui l'entourent. Il passe ainsi deux ou trois heures, et sort enfin du café avec autant d'importance que s'il venait de payer sa dette à la société. Toute sa journée est aussi agréablement remplie ; il visite les rues où des constructions s'élèvent : s'il voit qu'elles avancent, on le prendrait, à sa satisfaction, pour le propriétaire ; il fait des complimens aux ouvriers, quelquefois même à l'architecte. Toujours ses promenades le ramènent au Luxembourg, où il regarde jouer aux boules, et reçoit souvent l'honneur d'être choisi pour juger les coups douteux. Après un court dîner, il se hâte de retourner au café du matin : le *domino* l'attend, c'est le jeu qu'il aime de passion ; et les plus longues soirées d'hiver ne se terminent point sans qu'on l'entende se plaindre de la rapidité avec laquelle les heures disparaissent !

Aux théâtres du boulevard, ce n'est pas la scène qu'il faut regarder, c'est le parterre.

Quels transports, quand un coup de poignard, précédé d'une pompeuse maxime, renverse le tyran ! et, dans tout le cours de la pièce, quelles anxiétés ! quelles larmes sincères ! Se défend-on d'envier le sort de cet honnête bourgeois que ni l'invraisemblance des situations, ni l'absurdité du dialogue ne peuvent distraire du plaisir qu'il goûte à trembler sur les dangers de l'innocence ?

On pourrait écrire des observations nombreuses sur les plaisirs des sots. N'a pas qui veut ces plaisirs : examinons des moyens moins simples, mais plus sûrs d'échapper à l'ennui.

Dès qu'un homme se plaît à cultiver son esprit, il ne craint plus le poids du temps ; ses plaisirs sont à ses ordres ; et ceux qui charment sa solitude, en quelque sorte, magiques. Il vit dans le siècle qu'il préfère ; il franchit la distance qui le sépare des lieux qu'il veut connaître ; il interroge les grands hommes de tous les âges, de toutes les contrées ; et ses entretiens avec eux cessent ou changent d'objet aussitôt qu'il le veut. Combien il doit rendre grâces à la nature d'imprimer au génie tant d'impulsions différentes ! Avec Platon, il est parmi les sages de la Grèce ; il entend leurs leçons, il s'associe à leurs vœux pour le bonheur des hommes. Desire-t-il du repos? les poètes s'empressent de le distraire, Horace l'environne d'épicuriens aimables ; et, partageant leurs douces rêveries, il applaudit aux chantres de l'insouciance et du plaisir.

C'est grande pitié qu'un homme, parce qu'il a des connaissances, fatigue les autres de son amour-propre ! Si l'on pouvait compter tout ce qu'ignore le plus savant, on verrait qu'entre un ignorant et lui la différence est de bien peu de chose. Mais faut-il s'étonner si les amis des muses fuient les petits débats, les tristes fêtes et les ennuyeuses cérémonies de nos sociétés bruyantes? Celle qui les attend a des charmes si doux.

Parvenir à la vérité est le but de l'étude. Dans une telle recherche tout enflamme, tout enchante l'esprit. La volonté d'y réussir suffit pour qu'on éprouve cette noble émotion que donnent un zèle ardent et des intentions pures. Le succès, alors même qu'on ne songerait point aux résultats qu'il peut avoir, inspirerait une sorte de volupté, parce que la vérité convient à notre esprit, comme une couleur brillante et douce convient à notre vue, comme un son flatteur convient à notre oreille. Mais ce plaisir est accompagné d'un autre plus vif : la vérité doit produire des effets salutaires; et, chaque fois que notre intelligence en découvre quelques étincelles, notre âme s'élève, pénétrée de hautes espérances.

Un des principaux avantages de l'étude est d'affranchir l'esprit des préjugés qui troublent la vie. Que de tourmens ont causés ceux qui se mêlent aux idées religieuses! Après ces grandes calamités qui firent perdre la trace des sciences et des arts, les hommes, poursuivis par la terreur, croyaient voir des génies malfaisans voler sur les nuages, d'autres errer dans la profondeur des bois. Le bruit des vents et du tonnerre leur paraissait être la voix des divinités infernales; et, prosternés avec effroi, ils cherchaient, par de sanglans sacrifices, à satisfaire leurs dieux courroucés. Un petit nombre d'hommes éclairés par l'observation dissipèrent enfin l'épouvante, en révélant quelques-unes des lois les plus simples de la physique : les fantômes s'évanouirent, un Dieu juste régna sur la nature consolée. On croit qu'un intervalle immense nous sépare de ces temps de désastres et d'alarmes. Combien d'êtres malheureux par leurs faiblesses supposent encore un Dieu implacable, qui commande la haine, et punit des fautes légères à l'égal des plus grands crimes ! L'homme exempt de préjugés est le seul qui se prosterne avec amour, et dont la prière, soumise et confiante, s'adresse aux nobles attributs du pouvoir, la justice et la clémence.

Il est d'autres erreurs que dissipe l'étude. L'homme épris du commerce des muses ne consume point ses belles années dans de tristes intrigues ; on ne le rencontre pas sur les routes que l'ambition a tracées. Aussi les Grecs, féconds en ingénieuses allégories, faisaient-ils présider la même divinité aux sciences et à la sagesse.

L'habitude de vivre au milieu des chefs-d'œuvre produit l'élévation d'âme ; et celui dont l'âme est élevée est heureux et bon. Exempt de vaines faiblesses, libre de turbulentes passions, il cultive les vertus nobles et généreuses, pour le plaisir de les pratiquer.

Dédaignant une foule d'objets qui troublent le vulgaire, il offre peu de prise au malheur; et si cependant l'adversité le frappe, il a contre elle des ressources d'autant plus sûres qu'il les trouve en lui-même.

Toutefois on ne s'enivre du charme heureux des lettres et des arts qu'au sein de la retraite. Si c'est pour occuper la renommée qu'on lit et qu'on médite, les amusemens se changent en travaux. Si l'on veut parcourir une lice, devancer des émules, diriger un parti, on est bientôt agité de petites passions, de grandes inquiétudes. Dieu, voulant qu'aucun bien ne fût parfait sur la terre, près de l'amour de l'étude plaça la soif de la célébrité.

Mais la noble ambition d'être utile, l'ardeur de rendre d'immortels services, faut-il donc l'étouffer? n'est-elle plus la source de plaisirs aussi purs qu'enivrans?.... Je vois une république immense, indestructible, composée de tous les hommes qui se dévouent au bonheur de l'humanité. Occupés sans relâche de continuer l'ouvrage que leurs prédécesseurs ont commencé, ils lègueront à leurs successeurs le soin de poursuivre leurs travaux. Les hommes de génie sont les chefs de cette république. Comme ils ont des talens qui les séparent du reste des humains, ils ont aussi des peines et des plaisirs réservés pour eux seuls. O Newton! quel sentiment sublime s'éleva dans votre âme, alors que vous découvrîtes une partie des mystérieuses lois de l'univers! Fénelon! quel sentiment plus doux encore vous animait, lorsque vous méditiez les plus belles leçons que la sagesse ait fait entendre aux rois! C'est à ces êtres privilégiés qu'il appartient d'imprimer une grande impulsion aux esprits, et de tracer une route nouvelle aux générations qu'ils étonnent. Pour nous, hommes vulgaires, bornons-nous à la suivre. Ce n'est point par d'ambitieux écrits, c'est par de modestes vertus que nous pouvons nous associer aux travaux du génie. Si, dociles à la voix des sages, nous mettons leurs leçons en pratique, nous ne vivrons pas inutiles; nous aurons aussi, malgré notre faiblesse, contribué à dissiper la nuit des préjugés et des vices.

CHAPITRE XVII.

DES PLAISIRS DE L'IMAGINATION.

Si les mots *plaisir imaginaire* signifient un plaisir qui n'a rien de réel, gardons-nous de les employer jamais. Le pauvre qui tous les jours, pendant douze heures, dormait et se croyait revêtu de l'autorité royale, avait un sort exactement semblable à celui du roi qui, rêvant pendant le même nombre d'heures, croyait souffrir le froid, la faim, et solliciter dans les rues la pitié des passans.

Tous nos plaisirs sont fugitifs, et tous sont réels. Faculté merveilleuse, l'imagination réveille les plaisirs passés, charme l'instant qui s'écoule, et voile l'avenir ou l'embellit d'espérances.

Bannissons ce préjugé vulgaire qui nous représente la raison et l'imagination comme deux ennemies, dont l'une doit étouffer l'autre. La raison ne dédaigne aucun plaisir facile et pur. L'erreur même d'un songe peut avoir du prix à ses yeux ; et quels avantages les rêves de l'imagination n'ont-ils pas sur ceux du sommeil ! Ma volonté fait naître les premiers ; je les prolonge, les dissipe et les renouvelle à mon gré. Tous les hommes qui s'étudient à multiplier les instans heureux, savent jouir d'aimables chimères, et peignent avec enchantement les heures d'ivresse qu'ils doivent à l'effervescence d'une imagination riante.

Il est des circonstances où la raison n'a plus à nous donner d'autre conseil que celui de nous livrer aux illusions, qui peuvent mêler encore quelques plaisirs à nos douleurs. Un homme de mérite qui, dans nos temps orageux, a passé vingt mois en prison, me disait qu'une nuit il rêva que sa femme et ses enfans lui apportaient la liberté. Ce rêve lui laissait un souvenir si profond, une émotion si vive qu'il forma le projet de le renouveler, par la pensée, chaque jour. Tous les soirs, excitant son imagination, il cherchait à se persuader qu'il était au moment de la réunion desirée ; il se représentait les transports de sa femme, les caresses de ses enfans, et ne laissait que des chimères occuper son esprit, jusqu'à l'instànt où le sommeil lui faisait tout oublier. L'habitude, me disait-il, avait rendu mes illusions plus fortes qu'on ne pourrait le croire : j'attendais la nuit avec impatience; et la certitude que le jour finirait par quelques instans heureux me faisait constamment éprouver je ne sais quelle exaltation qui m'étourdissait sur mes peines.

Dans l'infortune, les douces illusions ressemblent à ces feux brillans et colorés qui, durant les tristes hivers du pôle, présentent au milieu des nuits l'image de l'aurore. Une faculté mobile et vive, qui trompe le malheur, doit embellir le bonheur même. Aux avantages qu'on possède elle unit ceux qu'on desire. Par sa magie, nous renouvelons les heures dont le souvenir nous est cher, nous goûtons les plaisirs que promet un avenir lointain, et nous voyons du moins l'ombre légère de ceux qui nous fuiront.

Les illusions, a dit un sombre philosophe, sont l'effet d'une démence passagère. Ah! les idées folles sont celles d'où naissent les ennuis, et les idées raisonnables sont celles qui charment la vie. Si vous rejetez ces principes, n'adoptez pas du moins une fausse et lugubre sagesse; croyez plutôt que tout est folie sur la terre. Mais alors, je distingue des folies tristes, des folies gaies, des folies effrayantes, des folies aimables, et je veux choisir celles dont les prestiges sont rians et les erreurs consolantes.

Comment cet être morose, qui n'aperçoit sur la terre que des méchans, et dans l'avenir que des malheurs, accuse-t-il de se laisser tromper par l'imagination celui qui se berce d'espérances flatteuses? Tous deux s'abusent; mais l'un souffre de ses erreurs, l'autre vit de ses illusions.

Ils ont des idées étranges, ces prétendus sages qui voient, dans les secours de l'imagination, la ressource des âmes faibles! L'inquiétude, la tristesse, l'ennui, voilà les véritables signes de faiblesse. Il reçut une âme élevée celui qui, poursuivi par l'injustice, sourit encore à des illusions, et qui, pour échapper aux misères du monde réel, l'abandonne et fuit vers un monde idéal.

La sagesse ne dédaigne point une faculté brillante, et, pour goûter tous les plaisirs de l'imagination, il faut avoir une raison exercée. L'imagination ressemble tantôt à ces magiciennes qui transportaient sur des bords enchantés le héros objet de leur amour, tantôt à leurs ennemies qui multipliaient autour de lui les périls. Livrée à ses caprices, peut-être nous ferait-elle redouter mille maux chimériques, aussi féconde pour enfanter des tourmens qu'elle est ingénieuse à créer des plaisirs. La raison, qui ne peut la suivre toujours, doit lui montrer quels sentiers le bonheur l'invite à parcourir.

La raison est nécessaire encore à l'instant où les chimères disparaissent. Cet instant nous afflige ; mais je serais dans la situation dont un rêve enchanteur me faisait goûter les délices, que je pourrais encore et desirer et m'attrister. Tout homme dont l'esprit est élevé, le cœur bon, s'est plu à supposer que, loin des sots, à l'abri des méchans, seul avec quelques amis, il vivait dans une contrée riante, séparée du reste du monde. Que ce rêve se réalise, demain l'asile paisible, ignoré, nous verra donner des regrets aux lieux que nous aurons quittés, et former des desirs pour échapper aux ennuis de la nouvelle patrie. Puisque notre sort changerait vainement, étudions l'art d'en adoucir les peines, apprenons à jouir de tous ses avantages, et qu'ils soient embellis par les heureux prestiges d'une imagination féconde.

Nos regrets naîtraient-ils de la rapidité avec laquelle les illusions disparaissent? Eh quoi! j'ai vu des riches et des grands dépouillés en un instant de leur fortune, de leur pouvoir, et je m'affligerais lorsqu'un songe s'évanouit pour moi! Mais encore, ces infortunés ont perdu pour jamais les biens qui leur étaient si chers, et moi, je renouvelle à mon gré mes illusions et mes plaisirs.

Loin de sacrifier aucune de nos facultés, exerçons-les toutes; et qu'elles se prêtent mutuellement des secours. Il faut, lorsqu'on avance dans la vie, que la raison acquière le calme de l'âge mûr; mais que le cœur et l'imagination conservent encore des étincelles du feu de la jeunesse.

CHAPITRE XVIII.

DE LA MÉLANCOLIE.

L'attendrissement se mêle à nos plaisirs, dès qu'ils sont très vifs. La naissance d'un enfant, la convalescence d'un père, le retour d'un ami, humectent de pleurs notre paupière. La nature donne à la joie quelques-uns des signes de la tristesse ; il semble que, nous destinant à éprouver tour à tour ces deux genres d'émotions, elle ait voulu rendre moins sensible le passage de l'un à l'autre.

Nos souvenirs les plus chers sont ceux que l'attendrissement accompagne, ceux des jeux de l'enfance, des premières amours, des périls qu'on n'a plus à craindre, et des fautes qu'on a su réparer. Lecteur, rappelez-vous l'instant le plus heureux de votre vie : dans cet instant vous étiez attendri.

Mais il est deux sortes de mélancolie, ou plutôt ne confondons pas les idées mélancoliques avec les idées sombres. L'attendrissement léger, qui donne un nouveau charme aux plaisirs fugitifs, sera-t-il jamais inspiré par ces ouvrages lugubres qu'on a voulu mettre à la mode; par ces romans effrayans et ces drames bizarres où des personnages hideux représentent des scènes révoltantes? Eh quoi! cette grande figure hâve et décharnée qui s'enveloppe d'un linceul, c'est là, selon vous, la mélancolie? Détrompez-vous; les traits de la mélancolie sont ceux de l'innocence; de douces rêveries l'occupent; elle a des larmes dans les yeux, et le sourire est sur ses lèvres.

Les hommes qui cherchent à rendre les tombeaux mêmes plus sinistres, en attendant la nuit pour les visiter, en tourmentant leur imagination pour les peupler de fantômes, ces hommes ont une âme froide; s'ils étaient sensibles, auraient-ils besoin de tant d'efforts pour s'émouvoir?

J'entrai, l'année dernière (1), dans un des cimetières de Paris; je vis beaucoup de monumens, dont je parcourus les touchantes inscrip-

(1) 1805.

tions. Dans l'une, un père dit qu'il avait cinq enfans, et que la tombe sur laquelle on lit ces mots renferme le dernier qui restait pour sa consolation. Dans une autre, un père et une mère disent que leur fille unique est morte, à l'âge de dix-sept ans, victime de leur faiblesse et de nos modes imprudentes. Ce séjour du repos et des pleurs, ces paroles écrites dans le lieu du silence, ces souvenirs qui font aimer ceux qui n'existent plus et ceux qui les regrettent, pénétraient mon âme d'une émotion qui n'était pas sans charmes. A la vue des tombeaux, on pense bientôt à soi-même. Je marquais ma place dans ces paisibles demeures; mon imagination me transportait au jour que je ne verrai pas, et me faisait entendre quelques adieux de l'amitié prononcés sur ma tombe. Je m'éloignai trop tard; une observation changea le cours de mes rêveries, et je n'emportai qu'un sentiment douloureux. Je remarquai que beaucoup de tombes étaient consacrées par des parens à leurs enfans, par des maris à leurs femmes, par des femmes à leurs époux, mais qu'il n'y en avait que deux élevées par des enfans à leurs pères.

On peut goûter quelquefois la mélancolie près des ruines et des tombeaux ; mais l'habitude de voir des objets lugubres est dangereuse ; elle émousse la sensibilité, elle oblige à chercher des émotions toujours plus fortes, et nourrit l'âme d'idées sombres qui ne s'allient point avec le bonheur.

Ah ! sans doute, il est des malheureux qui, n'aspirant plus qu'à la mort, trouvent quelque soulagement dans un spectacle sinistre. Young, après avoir perdu sa fille unique, après avoir vainement sollicité un peu de terre pour cette infortunée et s'être vu réduit à l'enterrer lui-même, Young dut fuir ses semblables et ne plus aimer que la nuit, la solitude et les tombeaux. Ainsi quelques hommes sont condamnés par leurs revers à nourrir une éternelle et noire mélancolie ; mais leurs froids imitateurs, en voulant se singulariser, ne deviennent que des êtres fatigans et ridicules.

Je vois avec douleur consacrer des talens distingués à célébrer la mélancolie ; non celle qui sourit et donne au plaisir un charme plus doux, mais celle qui naît des tombeaux et nous abreuve de tristesse. Les scènes déchirantes et les tableaux lugubres ont, dans ce siècle, je ne sais quel attrait qui les fait rechercher avec avidité. Un homme, dont le génie doit rendre les erreurs séduisantes, s'est plu à considérer la religion chrétienne comme une source intarissable de mélancolie ; c'est surtout quand elle s'offre à lui sous un aspect funèbre qu'elle exalte son âme.

Il peint cette religion, née dans les bois d'Oreb et de Sinaï, entourée d'une tristesse formidable, offrant à nos adorations un Dieu qui mourut pour les hommes. Il peint l'invasion des barbares, les persécutions des premiers fidèles, les cloîtres s'élevant de toutes parts, et la mélancolie s'accroissant encore par les règles imposées aux pieux cénobites.

« Là, dit-il, des religieux béchaient leurs
« tombeaux, à la lueur de la lune, dans les ci-
« metières des cloîtres ; ici ils n'avaient pour
« lit qu'un cercueil. Plusieurs erraient sur les
« débris de Memphis et de Babylone, accom-
« pagnés par des lions qu'ils avaient apprivoi-
« sés au son de la harpe de David. Les uns se
« condamnaient à un perpétuel silence ; les au-
« tres répétaient dans un éternel cantique, ou

« les soupirs de Job, ou les plaintes de Jéré-
« mie, ou les pénitences du roi-prophète. Enfin
« les monastères étaient bâtis dans les sites les
« plus sauvages : on les trouvait dispersés sur
« les cimes du Liban, dans l'épaisseur des forêts
« des Gaules, et sur les grèves des mers bri-
« tanniques. Oh! comme ils devaient être tris-
« tes, les tintemens de la cloche religieuse qui,
« dans le calme des nuits, appelaient les ves-
« tales aux veilles et aux prières, et se mê-
« laient, sous les voûtes du temple, aux derniers
« sons des cantiques et aux faibles bruisse-
« mens des flots lointains! Combien elles de-
« vaient être profondes, les méditations du soli-
« taire qui, à travers les barreaux de la fenêtre,
« rêvait à l'aspect de la mer, peut-être agitée
« par l'orage! La tempête sur les flots, le calme
« dans sa retraite! Des hommes brisés sur des
« écueils, au pied de l'asile de la paix! L'in-
« fini de l'autre côté d'une cellule, de même
« qu'il n'y a que la pierre du tombeau en-
« tre l'éternité et la vie... Toutes ces diver-
« ses puissances du malheur, de la reli-
« gion, des souvenirs, des mœurs, des scènes
« de la nature, se réunirent pour faire du

« génie chrétien le génie même de la mélan-
« colie (1). »

Eh quoi! des gémissemens sans fin, l'amour des déserts, l'espérance du tombeau, serait-ce là tout ce qu'une religion divine apporterait à l'homme sur la terre? Votre imagination s'égare et vous abuse. La religion des chrétiens n'est pas triste, elle est sérieuse; moins brillante que l'ingénieux paganisme, elle est moins amie du plaisir, mais elle est plus favorable au bonheur.

Nos opinions ne sont pas seulement différentes, elles sont opposées. Une religion pure fait éclore les douces joies, la confiance et la sérénité; c'est l'oubli des idées religieuses qui produit, avec le découragement, une vague tristesse, une sombre mélancolie.

Des tableaux lugubres, tracés avec enthousiasme, ne peuvent que grossir le nombre des hommes atrabilaires, las du monde et fatigués d'eux-mêmes. Si la religion inspirait un insatiable besoin de rêveries funèbres, loin d'être

---

(1) J'extrais ce morceau d'une lettre publiée dans le *Mercure*.

divine, elle serait antisociale. Oh! peignez-la plus active que le malheur, donnant un vêtement au pauvre, un lit au malade, une mère à l'orphelin; essuyant d'une main céleste les pleurs de l'innocence, et faisant verser au coupable des larmes consolantes. Qu'une pieuse reconnaissance environne ses modestes héros, ce Vincent de Paul, apôtre et martyr de la charité, ce Jean Hennuyer (1), dont le palais s'ouvrit aux protestans quand des ordres impies commandaient leur massacre, et cette âme si pure, ce divin Fénelon, qu'inspirait le génie même de la vertu. Voilà les hommes dont il faut multiplier les disciples et les émules; mais craignez de répandre de mélancoliques erreurs et de sombres folies : l'éloquence vous fut donnée pour un plus digne usage!

(1) Evêque de Lisieux, en 1572.

CHAPITRE XIX.

DES SENTIMENS RELIGIEUX.

C'est dans les espérances religieuses qu'il faut chercher le complément de la philosophie du bonheur. L'homme persuadé qu'une Providence éternelle veille sur l'univers s'abandonne à ses lois ; comme dans un sentier ténébreux on suit avec assurance un guide qui ne peut s'égarer.

Au milieu du tumulte de nos plaisirs bruyans, la voix de la sagesse est à peine entendue, et peut-être faut-il avoir connu le malheur pour sentir tout le charme des pensées religieuses. Semblables à ces amis que nos fêtes éloignent, et que rappelle notre infortune, c'est dans les jours d'adversité qu'elles viennent offrir leurs secours les plus doux. Ah! cependant, les plaisirs funestes sont les seuls qui ne puissent s'unir à ces idées augustes ; dans le bonheur, on se recueille, et l'on a besoin d'immortalité.

Toutes les affections généreuses et tendres acquièrent un nouveau charme en s'alliant aux sentimens religieux, ainsi que des objets, beaux par eux-mêmes, reçoivent un nouvel éclat lorsqu'une lumière pure les éclaire. La piété filiale devient plus touchante dans ces enfans qui prient avec ferveur pour conserver les jours de leur mère. Qu'un pieux courage guide une femme charitable, c'est l'ange des consolations qui visite les demeures de la misère et des souffrances. Les philosophes qu'entouraient les ténèbres du polythéisme, et qui cependant parvinrent à tant de grandes vérités, reconnurent que la vertu a besoin de s'allier au principe religieux. Anaxagore, Socrate, Platon, Marc-Aurèle, Épictète et beaucoup d'autres, contemplaient dans la Divinité le modèle infini de la perfection ; ils s'efforçaient de seconder ses vues d'ordre et d'harmonie en dirigeant vers le bien leurs actions, leurs pensées, et c'est ainsi qu'ils s'élevèrent à la plus haute sagesse dont la faible humanité s'honore. Des sentimens qui donnent à toutes nos facultés une direction si noble fécondent le génie ainsi que la vertu. Les chefs-d'œuvre cesseraient d'éclore sur une terre où l'on n'apercevrait que la matière, les combinaisons fortuites et la dissolution des êtres. Laissons un instant les considérations morales : apôtres de l'athéisme, vos froids calculs attristent la vie et bannissent de l'univers le beau idéal !

On doit, disent-ils, répandre la vérité. Si les espérances religieuses sont fausses, ne parlons plus de chercher, d'aimer, de propager la vérité. C'est à sa bienfaisante influence que, dans toutes les contrées, dans tous les siècles, les sages voulurent la reconnaître : si nos idées les plus élevées et les plus consolantes sont d'absurdes chimères, l'erreur et la vérité se confondent ; il ne reste aucun signe pour les distinguer.

Les athées se vantent d'être seuls les antagonistes francs et hardis de la superstition : ils la servent. Les superstitieux enfantent des athées, et les athées enfantent des superstitieux ; comme, dans les révolutions, la résistance produit l'exagération, et l'exagération centuple la résistance.

Il est des hommes intéressans qui, paisibles et de bonne foi, cherchent en vain à se former une conviction qu'ils souhaitent. Leur cœur la desire, leur esprit s'y refuse. Ils voudraient embrasser une opinion consolante, et s'affligeraient en nous ôtant des espérances qu'ils regrettent de n'avoir pas pour eux-mêmes.

Que ne puis-je porter une heureuse persuasion dans leur âme! Je ne connais que des argumens très-simples; mais je pense, avec Bacon, qu'il faut autant de crédulité pour adopter l'opinion des athées que pour ajouter foi aux rêveries du Coran ou du Talmud. Plus j'essaie d'éclaircir cette opinion, de voir dans les êtres qui m'environnent le résultat des combinaisons du hasard, des efforts de la matière, du jeu des atomes, plus les ténèbres s'accroissent. Je veux en vain donner à cette hypothèse une apparence de probabilité. La matière n'a pu réfléchir sur l'ordre qu'exigeaient ses diverses parties; elles n'ont pu raisonner, discuter entre elles; un atome, un globe, n'a pu dire aux autres : Voilà les routes qu'il faut suivre. Simplifions les difficultés autant qu'il est possible; admettons que la matière a toujours existé; supposons que le mouvement lui est essentiel; une suprême intelligence est nécessaire encore à l'harmonie de l'univers, et, sans un régulateur des mondes, je ne conçois que le néant ou le chaos.

De cette pensée qu'il existe un Dieu, je vois naître toutes les vérités que mon cœur espérait. Le système le plus absurde est celui des déistes qui rejettent le dogme de l'immortalité; et les opinions des athées sont moins inconséquentes. Des divers argumens contre l'existence de Dieu, le seul frappant est celui qu'on a tiré des maux répandus sur la terre. J'en appelle à tout homme sensible et bon : s'il avait le pouvoir de créer un monde, n'en bannirait-il pas le malheur? L'existence y serait une douce succession d'instans marqués par un bonheur sans mélange. Cependant les infirmités, les vices, les préjugés et la misère nous poursuivent! Comment concilier l'infortune des créatures avec le pouvoir du Créateur? Comment résoudre cet étrange problème, expliquer cette contradiction révoltante? Ah! l'immortalité est le mot de l'énigme de la vie.

Un bizarre mélange de déisme et de matérialisme forme, cependant, aujourd'hui, le système le plus répandu parmi les incrédules.

Leur dieu semble n'avoir qu'une puissance physique : au milieu des mondes qu'il anime, il reste indifférent au crime, à la vertu; sous son œil immobile, les générations passent, et les héros tombent confondus avec les tyrans. Ainsi, les pensées de l'homme pieux auraient une sublimité que n'ont point les vues de l'Éternel? Socrate, à ses derniers momens, rassure ses disciples; il leur montre au delà du tombeau les lieux où le sage respire, où l'infortune se répare. S'il fait briller un vain espoir à leurs yeux, il surpasse en équité, dans ses rêves, la puissance infinie. Osons soutenir que de faibles créatures peuvent avoir des idées d'ordre plus justes que celles de leur auteur, ou reconnaissons qu'il est une autre vie, puisque l'homme en conçoit l'espérance.

La destinée de tous les êtres qui nous entourent se termine évidemment sur la terre; la nôtre seule n'y paraît point accomplie. L'arbuste, sans réfléchir sur l'existence, naît, s'élève et périt. L'animal, exempt de vice, incapable de vertu, n'éprouve, en cessant de vivre, ni les regrets ni l'espérance; il meurt tout entier, mais il meurt sans voir la mort. L'homme, dans le cours d'une vie agitée, s'avilit par des fautes ou s'honore par d'utiles actions; à ses derniers momens, il se sépare avec douleur des êtres qui lui promettent un éternel amour: persécuté pour sa vertu, proscrit pour son courage, il tourne vers le ciel un long regard de confiance et d'espoir. N'a-t-il donc plus qu'à mourir? La nature n'aurait-elle oublié sa justice qu'envers son plus parfait ouvrage?

Notre immortalité est une conséquence nécessaire de l'existence de Dieu. Laissons toute vaine dispute; mes convictions ne sauraient dépendre d'une obscure métaphysique; l'orgueilleux traité d'un sophiste ne peut les affaiblir, ni la puérile dialectique d'un pédant les accroître. C'est assez qu'il existe un Dieu, tout ne finit pas au tombeau pour la vertu malheureuse.

Un des mots les plus sublimes qui soient sortis de la bouche des sages est ce mot de Socrate : *Prenez confiance dans la mort.* Mais les récompenses supposent du mérite, et le mérite exige la liberté; l'homme est-il libre? On peut ramener à des termes simples cette question tant de fois obscurcie; et voici le grand argument contre la liberté (1). Deux objets nous attirent en sens contraires; aussi longtemps qu'ils produisent des impressions à peu près égales, notre esprit incertain flotte de l'un à l'autre, et nous croyons délibérer. Enfin, un des objets nous frappe d'une impression plus forte; nous sommes entraînés, et nous croyons vouloir. Ainsi l'homme, toujours passif, cède toujours à la sensation la plus vive; et, comme l'enseignait une secte fameuse, les actions libres seraient des effets sans cause.

Ce roman n'est point notre histoire. Observons mieux; la seule question est ici de savoir où réside la cause de nos déterminations. Hobbes la place hors de nous; il lui convient, il lui plaît de supprimer la faculté de juger et celle de vouloir que l'auteur des êtres a mises dans nos âmes. J'en appelle des subtilités du sophiste à la raison de tout homme qui s'observe avec bonne foi. Lorsqu'il faut me déterminer entre deux objets, à moins qu'une pas-

---

(1) Hobbes l'a présenté avec force dans sa logique. Vil apôtre du despotisme et de l'athéisme, Hobbes semble avoir voulu propager toutes les doctrines pernicieuses, et réunir en lui tout ce qui mérite l'exécration des hommes.

sion aveugle ne me subjugue et m'emporte, c'est-à-dire à moins que je n'éprouve une aliénation passagère, j'examine, je compare, je délibère, je juge. Si j'ai le sentiment que ces différens actes sont produits en moi par mes facultés intellectuelles, je ne saurais douter que je suis libre, et j'ai ce sentiment d'une manière aussi nette que celui de mon existence. Allons plus loin. Mon jugement m'a fait voir ce qui est bon, ce qui est juste ; je suis libre à tel point que ma volonté peut se mettre en désaccord avec lui. Par exemple, mon jugement me dit de songer à l'avenir, et ma volonté sacrifie l'avenir au présent. Allons encore plus loin. Je veux ce que la raison m'a fait voir être bien : les dangers qu'il faut braver pour suivre ma volonté m'épouvantent ; je n'ose obéir à la voix de ma conscience ; mais la preuve que je sens encore en moi le libre arbitre, c'est que déjà je redoute le repentir et la honte qui viendront punir ma faiblesse.

Oh ! combien les discussions métaphysiques, arides et scolastiques sont puériles, quand il s'agit de vérités morales ! Quel monstre pourrait être conséquent au système des fatalistes, et qu'est-ce qu'un système auquel on ne peut être conséquent? Toi qui le préconises, si l'on n'agit que sous l'inévitable empire de la fatalité, pourquoi le crime t'indigne-t-il? Vois du même œil Socrate et ses bourreaux, Antonin dictant de pieuses leçons à son fils, et Néron assassinant sa mère. Ce rapprochement te révolte? Homme pusillanime! Dans ton système, les gens de bien doivent nous inspirer moins d'intérêt que les méchans. L'aveugle fatalité donne aux premiers cette volupté pure qui suit les actions vertueuses; sans avoir eu de mérite, ils sont récompensés; tandis que les autres sont en proie aux remords, en butte à la haine publique, puisqu'ils sont innocens, combien tu dois les plaindre et les chérir! Mais à quoi te servent ta doctrine et tes lumières? Tu cherches à faire le bien, tu délibères sur le parti qu'il convient à ton honneur de prendre; tes principes sont combattus par la voix de ton cœur; quand tu as fait le mal, elle te dit que tu pouvais choisir le parti contraire, et, quand tu as fait une bonne action, elle t'assure que tu en es l'auteur.

D'intarissables émotions naissent des espérances religieuses. Ranimé par elles, je ne vois plus de larmes sans consolation, je n'entends plus d'éternel adieu. La tombe est la faible barrière qui sépare les voluptés réelles des ombres de plaisirs que nous offre cette vie fugitive.

Jamais, non jamais des hommes n'auraient échangé leurs lumières naturelles contre les vaines lueurs que jettent de funestes doctrines, si l'on n'eût altéré les idées religieuses en y mêlant des préjugés. Il en est deux qu'on doit s'attacher à détruire, et dont il faut purger la terre.

L'un est celui qui nous fait voir dans le ciel un juge implacable, avide d'exercer la vengeance. Chimère atroce! vision ridicule! La vieillesse, l'enfance, les deux âges dont la faiblesse appelle nos soins les plus tendres, sont ceux qu'on persécute avec un préjugé barbare! Quelquefois, une ineptie cruelle choisit des idées effrayantes pour les présenter au mourant, l'obsède d'images épouvantables, s'empare du lit funèbre, et voudrait l'éclairer avec les flammes de l'enfer. La même indignation fait battre mon cœur, lorsque je vois troubler par des idées sinistres la faible raison d'un enfant. Poursuivi jusque dans ses rêves par des menaces terribles, il ne sait ce que c'est que le crime, et déjà il en a senti les tourmens. O démence des hommes! avec les idées qui devraient être les plus douces et les plus consolantes, ils sont parvenus à donner des remords à l'innocence!

L'autre préjugé est celui qui rend coupable à nos yeux toute personne dont la croyance diffère de la nôtre. Tandis que la religion nous enseigne à couvrir du voile de l'indulgence les fautes de nos semblables, l'intolérance nous apprend à transformer leurs opinions en crimes; la religion élève des asiles au malheur, l'intolérance dresse des échafauds ; l'une veut pour ministres des hommes charitables, et l'autre des bourreaux ; l'une essuie les larmes, et l'autre verse le sang.

L'intolérant sans puissance n'est que ridicule; mais il devient l'être le plus odieux, quand il est armé du pouvoir. Le cri de l'humanité est paix avec tous les hommes, hors les intolérans. Toutefois, ils se punissent par leurs propres fureurs. Ils peuvent dans leur délire ignorer les remords, et compter même leurs vertus par leurs forfaits ; mais cette étrange exaltation, cette horrible ivresse repousse le bonheur ; il fuit l'âme, aussitôt que les sentimens haineux y pénètrent.

Ah ! dans une autre vie, la mesure de notre félicité sera celle du bonheur que nous aurons donné, dans cette vie passagère, aux êtres qui nous entourent. L'homme religieux essaie de rendre le séjour de la terre moins différent de celui vers lequel s'élèvent ses pensées. Il s'occupe sans cesse d'adoucir nos maux, d'éloigner les préventions et les haines, de calmer les fureurs des partis ; toutes ses relations sont de paix et d'amour. Hommes intolérans ! quel est celui de vous dont on pourra dire : *On lui a beaucoup remis, parce qu'il a beaucoup aimé ?*

CHAPITRE XX.

DE LA RAPIDITÉ DE LA VIE.

Lorsque je songe aux différens âges, le premier sentiment que j'éprouve est de reconnaissance pour la variété des plaisirs que nous destine la nature. Oh! si l'homme savait goûter les charmes de toutes les situations qu'il parcourt! Mais, il regrette l'enfance, puis la jeunesse, puis l'âge mûr; le temps heureux est toujours celui qui n'est plus en son pouvoir.

C'est grande folie d'attrister le présent, en supposant que le passé n'offrait point de nuage. Les douleurs que la nature nous envoie dans l'enfance ressemblent aux pluies du printemps, dont un souffle léger suffit pour effacer la trace; mais les hommes ont multiplié, pour chaque âge, les peines et les alarmes. Je me souviens encore de la violence avec laquelle je sentais battre mon cœur, quand j'allais au collége sans avoir achevé ma version ou mon thème. J'ai vu depuis des situations périlleuses ; aucune, je l'atteste, ne m'a jamais fait ressentir autant de trouble. Le bel âge, pour un être frivole, est la jeunesse; pour l'ambitieux, l'âge mûr ; pour un cénobite dont la tête s'exalte, c'est la vieillesse; et pour l'homme raisonnable, c'est l'âge dont il peut goûter les plaisirs.

Le second sentiment que j'éprouve en considérant la vie, est le regret de voir les instans si prompts à disparaître. Le temps fuit, les jours et les années s'envolent aussi rapidement que les heures. Quelques gens disent que la vie est longue : ils souffrent donc des douleurs cruelles, ou ils ne savent pas s'occuper.

Pour prolonger mes jours, je ne demanderai ni des secrets aux alchimistes, ni des ordonnances aux médecins. Un régime sévère peut abréger la vie. Les privations multipliées donnent à l'âme une tristesse plus nuisible que les remèdes ne sont utiles. Eh! d'ailleurs, qu'est-ce que la vie physique sans la vie morale? Des docteurs ont vanté la patience d'un certain Vénitien qui, né mourant, parvint à végéter un siècle (1). Il pesait ses alimens, et de minutieuses précautions marquaient pour lui chaque heure de la journée. Bacon le cite, mais en plaisantant sur cet homme qui croyait vivre, parce qu'en effet il n'était pas mort.

La modération, la gaîté, l'emploi du temps, sont les moyens de vivre autant de jours que le permet la Providence ; et le régime des moralistes a des effets plus sûrs que celui des médecins.

Chacun a fait cette observation qu'une année, dans la jeunesse, présente à l'imagination une longue perspective ; mais que plus on avance dans sa carrière, plus la course du temps paraît redoubler de vitesse. Cherchons à discerner les causes qui modifient ainsi nos jugemens, afin de leur échapper autant qu'il est possible.

J'en connais une inévitable, l'expérience. A seize ans, quel espace présentent les seize années qui vont suivre ? La fin de celles-ci se perd dans l'avenir, ainsi que le commencement des premières s'efface dans le passé ; mais, en arri-

(1) Il se nommait Louis Cornaro.

vant à des termes qu'on jugeait éloignés, on voit comment on atteindra tous les autres. Ensuite, la jeunesse brûle de franchir l'intervalle qui la sépare du but de ses desirs, elle voudrait hâter les heures trop lentes à son gré. Dans les âges suivans, au contraire, l'homme voit avec une inquiétude croissante chaque jour l'approcher du terme de sa carrière, et regrette de ne pouvoir arrêter la marche du temps. Notre faiblesse l'accélère : craignons moins l'incertain avenir, et les heures perdront leur rapidité désolante. Enfin tous les objets, étant nouveaux pour la jeunesse, lui causent quelque surprise ; elle remarque chaque instant, parce que chaque instant lui procure une sensation. Dans un âge plus avancé, peu d'objets excitent la curiosité ; on passe, sans les voir, près des chefs-d'œuvre qu'on admirait avec transport ; on retourne machinalement aux occupations de la veille, et l'on distingue à peine des journées monotones que ni les plaisirs ni l'ennui n'ont rendues remarquables. Prévenons cette disposition funeste : amis des arts et du plaisir, conservons à notre âme sa sensibilité, à notre imagination sa fraîcheur; arrêtons-nous en épicuriens sur les instans heureux, et vouons à tout ce qui est beau l'enthousiasme de la jeunesse, éclairé par le goût de l'âge mûr.

Pour ne point abréger ses journées, il faut aimer la retraite. D'abord, on s'y garantit d'une foule d'importuns et d'oisifs. Des gens qui ne vous déroberaient pas une pièce de monnaie vous volent sans scrupule une heure, un jour: ils ne savent donc pas ce que c'est que le temps? c'est la vie.

Mais on nous dérobe des minutes, et nous sacrifions des années! Beaucoup d'hommes, étourdis par le bruit des passions, agités par des rêves, s'aperçoivent à peine qu'ils existent, et meurent en regrettant de n'avoir pas vécu. Quelques autres, longtemps entraînés par le torrent, résistent, abordent le rivage, et goûtent enfin, loin du tumulte, le plaisir d'exister. Mais pourquoi ne prolonger que ses dernières heures? Si l'on ne peut vivre indépendant, il faut du moins consacrer chaque soir quelques momens à la retraite, pour revoir le passé, et s'arrêter sur le présent. Comptant ainsi chaque jour qu'on ajoute à d'autres jours, on ne laisse plus la vie s'évanouir comme un songe.

C'est surtout dans ces entretiens avec soi-même qu'on donne à son esprit de la justesse, à son âme de l'élévation, à son caractère de la douceur et de la fermeté. La vie est un livre dont on lit tous les jours une page; il faut noter ce qu'on y trouve d'instructif.

Le divin Marc-Aurèle se plaisait à s'entretenir avec lui-même, et savait jouir du présent, en cherchant dans le passé des leçons pour l'avenir. Je lis toujours avec attendrissement ce compte qu'il se rend de toutes les personnes dont les soins avaient formé son caractère et ses mœurs.

« J'ai appris, dit-il, de mon aïeul Verus à
« avoir de la douceur et de la complaisance.

« La réputation que mon père a laissée, et la
« mémoire que l'on conserve de ses bonnes
« actions, m'ont enseigné la modestie.

« Ma mère m'a formé à la piété. Elle m'a
« enseigné à être libéral, et non-seulement à
« ne faire de mal à personne, mais à n'en avoir
« pas même la pensée.

« Je dois à mon gouverneur d'être patient

« dans mes travaux, d'avoir peu de besoins,
« de savoir travailler de mes mains, de ne
« point me mêler des affaires qui me sont
« étrangères, et de ne donner aucun accès aux
« délateurs.

« Diognetus m'a appris à ne point m'amuser
« à des choses frivoles, à ne pas ajouter foi aux
« charlatans et aux enchanteurs, à ne rien
« croire de ce qu'on dit des conjurations des
« démons, et de tous les sortiléges de cette es-
« pèce. J'ai appris de lui à souffrir qu'on parle
« de moi en toute liberté, et à m'appliquer
« entièrement à la philosophie.

« Rusticus m'a fait voir que j'avais besoin
« de corriger mes mœurs, que je devais éviter
« l'orgueil des sophistes, ne pas chercher à
« faire admirer au peuple la patience et l'aus-
« térité de ma vie, être toujours prêt à pardon-
« ner à ceux qui m'auraient offensé, et à les
« recevoir toutes les fois qu'ils voudraient re-
« venir à moi.

« J'ai appris d'Appollonius à être libre et
« ferme dans mes desseins ; à ne suivre que la
« raison, même dans les plus petites choses ; à
« être toujours égal, même dans les douleurs

« les plus aiguës. J'ai connu par son exemple
« qu'on peut être à la fois sévère et doux.

« Sextus m'a enseigné à gouverner ma mai-
« son en bon père de famille, à avoir une gra-
« vité simple, sans affectation ; à tâcher de de-
« viner et de prévenir les souhaits et les be-
« soins de mes amis, à souffrir les ignorans et
« les présomptueux qui parlent sans penser à
« ce qu'ils disent, et à me mettre à la portée de
« tout le monde.

« J'ai appris d'Alexandre le grammairien à
« ne pas dire d'injures dans la dispute.

« Fronton m'a fait connaître que les rois
« sont environnés d'envieux, de fourbes et
« d'hypocrites.

« Alexandre le platonicien m'a appris que,
« sans une extrême nécessité, on ne doit dire,
« ni écrire à personne : Je n'ai pas le temps de
« m'occuper de telle ou telle chose ; ni allé-
« guer les affaires dont on est accablé, pour se
« dispenser de rendre tous les bons offices
« qu'exige de nous le lien de la société.

« Je dois aux instructions de mon frère Se-
« verus l'amour que j'ai pour la vérité et la
« justice. C'est lui qui m'a donné le desir de

« gouverner mes états par des lois égales pour
« tout le monde, et de régner de manière à ce
« que mes sujets aient une entière liberté.

« Je remercie les dieux de m'avoir donné de
« bons aïeux, un bon père, une bonne mère,
« une bonne sœur, de bons précepteurs, de
« bons domestiques, de bons amis, en un mot,
« tout ce qu'on peut souhaiter de bon. »

Une foule de sujets intéressans peuvent remplir les entretiens avec soi-même. Ayez chaque jour un de ces entretiens solitaires. C'est surtout ainsi qu'on peut jouir de l'existence, la rendre plus utile et plus douce, la prolonger, et, pour ainsi dire, jeter l'ancre dans le fleuve de la vie.

CHAPITRE XXI.

DE LA MORT.

Si nous formons le souhait de ne jamais mourir, souhait absurde que tout homme a laissé quelquefois échapper, les moralistes nous disent : Où serait le terme des dissensions et des haines ? où se reposerait-il, l'infortuné que poursuit l'injustice? Vains sophismes! Si l'on accuse la nature de nous avoir soumis à la mort, on ne l'accuse pas moins de l'avoir rendue quelquefois desirable : au lieu de se montrer avare d'instans heureux, que n'épargnait-elle à la faible humanité le dernier des maux et ceux qui le précèdent ? Il est, je crois, pour la justifier, des raisons plus solides :

Lorsque, dans mes songes, réformant l'univers, je rends notre existence éternelle, mon imagination fait aisément disparaître les maux qui nous affligent ; mais elle est impuissante pour créer des plaisirs qui remplacent ceux que ne peut admettre cet ordre nouveau. Que la mort soit bannie du globe, il ne faut plus que des générations s'élèvent pour remplacer d'autres générations. Les mêmes êtres couvrent à jamais la terre : plus d'amour, de tendresse paternelle, de piété filiale ! Bienfaits du ciel, qui donnez du prix à la vie, vous n'existez que sous condition de passer rapidement aux générations qui se succèdent pour en jouir à leur tour.

Quelquefois, dans la nuit, entre la veille et le sommeil, on est assailli par des espèces de songes qui jettent l'âme dans un trouble profond : le jour vient, l'intelligence se réveille, et l'on est surpris de voir que de si vaines chimères aient pu prendre une apparence de réalité. Je compare cet état agité à celui où certaines personnes sont plongées par les terreurs que l'idée de la mort leur fait éprouver. Débarrassons-la de tout ce que notre faiblesse et notre imagination lui donnent d'effrayant, et nous arriverons bientôt à nous familiariser avec elle. Nous trouverons de grands avantages à considérer l'influence qu'elle doit exercer sur la vie. Il faut que ce terme inconnu, mais prochain, rende nos devoirs plus sacrés, nos affections plus tendres et nos plaisirs plus vifs. Le sage saisit les idées qui troublent les heures du vulgaire pour ajouter au charme des siennes ; et c'est surtout en s'instruisant à vivre qu'il apprend à mourir.

Ceux qui disent : La mort n'est rien, paraissent affecter du courage ; et cependant ils disent une vérité très-simple. La mort est un instant impossible à mesurer, elle n'est pas encore, ou elle n'est plus.

Sans doute les circonstances qui la précèdent peuvent être cruelles ; et les morts promptes devraient, moins que les autres, nous coûter des larmes. J'entends dire en gémissant : Cet infortuné n'a souffert que trois jours. Que cet espace est long, quand la douleur en fait compter les minutes ! Ne mettons pas d'égoïsme dans nos plaintes, nous sentirons qu'un motif de consolation, c'est que l'être qu'on regrette n'ait pas vu la mort s'approcher, et qu'il l'ait reçue sans douleur.

Une telle fin est digne d'envie, c'est le dernier bienfait du ciel. Ces mots dirigent vers vous ma pensée, ô mon père ! Tous les fils reconnaissans disent qu'ils ont eu le meilleur des pères ; mais à peine quelques amis complaisans répètent-ils avec eux une hyperbole commune, et j'entends toutes les personnes qui connaissaient mon père en parler comme moi. Cette supériorité remarquable que le talent ou la force de caractère donne à quelques hommes, il l'obtenait par sa douceur et sa sérénité. Ces qualités avaient en lui quelque chose d'idéal, que l'imagination concevra difficilement, et que la langue ne peut exprimer. Quiconque passait un quart-d'heure avec lui gardait toujours son souvenir. Il ne vous avait ébloui ni par la vivacité de son esprit, ni par la variété de ses connaissances ; mais, en vous disant les choses les plus simples, il vous avait rendu meilleur. Pendant soixante-cinq ans il partagea les peines des autres, et ne leur en fit jamais. Un soir, éprouvant une fatigue inaccoutumée, il se coucha de bonne heure ; et, quelques momens après, s'endormit pour toujours. O mon père ! je devrais ne pleurer que sur moi ! Votre mort sans alarmes fut digne de votre vie, de cette vie si pure, que, pour vous rendre heureux dans un monde nouveau, il suffit peut-être de vous laisser le souvenir de ce que vous avez été sur la terre !

Un fait recueilli par tous les médecins observateurs, c'est qu'il est rare que l'agonie de l'homme de bien soit violente. Peut-être même avons-nous de très fausses idées sur les momens qui terminent la vie. Le vulgaire, embrassant les opinions qui l'effraient, croit que tous les tourmens accompagnent la dissolution de notre être physique. Il est plus probable, au contraire, qu'en touchant à l'éternel repos on goûte des sensations analogues à celles d'un homme fatigué qui sent couler dans ses veines le calme et le sommeil (1).

(1) « Lorsque l'âme conserve jusqu'à la fin ses forces dans
« un assez haut degré, elle peut sans doute quelquefois
« éprouver dans l'agonie des sentimens de douleur et d'an-
« goisse que la cause de la mort peut produire, ou se livrer
« elle-même à des affections tristes et inquiètes. Mais cette
« sorte d'agonie est la plus rare, et elle est toujours séparée
« de la mort absolue par quelques instans qui peuvent être
« heureux.

« Il me paraît très vraisemblable qu'en général, dans les
« momens qui précèdent immédiatement la mort, lorsqu'elle
« n'est pas subite, l'homme goûte un certain plaisir à
« mourir. » BARTHÈS, *Nouveaux Éléments de la science de l'homme*.

Ces sensations, il est vrai, n'appartiennent qu'aux derniers instans, et des maladies cruelles peuvent les précéder ; mais il semble que la nature ait toujours quelque moyen d'adoucir les maux qu'elle envoie. Parmi les maladies mortelles, celles qui sont aiguës sont rapides ; celles qui sont lentes sont, en général, peu douloureuses : elles laissent le temps de s'accoutumer à l'idée qu'il faut sortir de la vie ; et souvent les hommes qui la perdent ainsi finissent doucement, bercés tantôt par la résignation, tantôt par l'espérance.

Un spectacle déchirant, et malheureusement trop commun dans la province où je suis né, est celui que présente une jeune personne atteinte d'une maladie de poitrine. L'ignorance absolue du danger peut accompagner la malade jusqu'à son dernier moment. On sait que l'hiver la verra périr ; on l'entend parler des projets qu'elle veut exécuter, avec ses compagnes, au retour de sa santé et du printemps. Le contraste de sa faiblesse et de ses espérances, de sa douce gaîté et des approches de la mort, font saigner le cœur. Chacun gémit sur elle, excepté elle-même. La nature, pour s'absoudre de la faire mourir si jeune, lui donne la sécurité, l'endort sur la terre et ne l'éveille que dans le ciel.

Sans doute les douleurs physiques ne sont pas celles qui peuvent répandre le plus d'amertume sur la mort, et les sensations qu'elle fait éprouver dépendent surtout des affections qui nous attachent à la terre. Méprisons ces êtres ambitieux qui s'écrient qu'ils allaient exécuter leurs vastes projets, que leurs instans eussent ensuite coulé paisibles et sereins. Toujours la mort les eût surpris se tourmentant à poursuivre des ombres. D'autres, moins insensés, gémissent parce qu'ils sont frappés au sein des plaisirs. Ils oubliaient la rapidité de ces heureuses chimères; ils ne savaient pas leur donner un attrait plus vif, en se disant : Nous les possédons pour un jour! Mais, si l'on ne regrette ni projet ambitieux ni plaisir frivole; si c'est pour ses enfans qu'on voudrait vivre encore? Je n'essaie point de soutenir un vain système; dans cette situation, la mort peut être affreuse. Il est un âge où l'on devrait ne pas mourir; il commence quand on est père, et finit quand on n'est plus nécessaire à sa famille.

S'il faut la quitter avant cette époque, les consolations ressemblent aux remèdes qui pallient les maux des mourans sans pouvoir les guérir. Toutefois, ne faisons pas à la Providence cet outrage de croire qu'il existe une situation où l'homme de bien ne trouve plus d'adoucissement à ses peines. En quittant une vie qu'il voudrait conserver encore pour le bonheur des autres, il puise des forces dans la pensée qu'il doit à sa famille l'exemple du courage, dans de pieuses espérances et dans l'habitude de cette haute philosophie qui lui apprit à ne jamais lutter contre la destinée.

La mort a quelque chose de sinistre quand elle vient, avant l'âge, détruire de tendres affections. Plus tard, elle est un acte aussi simple que les actes ordinaires de la vie. Hélas! pour peu que nos jours se prolongent, nous voyons tomber autour de nous des êtres qui nous sont chers. Bientôt nous en conservons moins ici-bas qu'il n'en existe dans un autre univers. La famille est divisée; je serais peu surpris qu'il devînt indifférent au sage de rester avec les amis présens ou d'aller rejoindre les amis absens.

Aussi longtemps que nos enfans ont besoin d'un appui, nous ressemblons au voyageur chargé d'affaires d'une extrême importance; dès que nos soins leur sont devenus inutiles, nous ressemblons à celui qui peut marcher au hasard et s'arrêter où le surprend le coucher du soleil. Je vois la seconde époque approcher pour moi; si je l'atteins, je bénirai le ciel de m'avoir donné des années assez longues, et semées de si peu de douleurs.

Nous n'accusons point de faiblesse un homme qui part pour des contrées lointaines, s'il laisse voir dans ses adieux quelque attendrissement; doit-on exiger davantage de celui que la mort va conduire dans un monde inconnu? Je n'affecterai point un austère courage; mais, libre de la seule inquiétude déchirante, j'espère conserver assez de tranquillité d'esprit pour faire sentir aux êtres que j'aime qu'il faut nous soumettre à des lois immuables; que la plainte serait inutile et le murmure injuste; qu'il faut, avec l'attendrissement léger de la résignation, nous embrasser et nous dire : *Au revoir*.

CHAPITRE XXII.

CONCLUSION.

J'aurais atteint mon but, si cet Essai faisait penser que l'homme, en exerçant ses facultés, peut adoucir ses peines, multiplier ses plaisirs, et, par conséquent, se créer un art d'être heureux. Nulle opinion, je le sais, n'est plus contraire aux idées reçues parmi nous : les êtres moroses et les êtres frivoles sont d'accord, quand il faut l'attaquer : cette opinion leur paraît absurde, et les plus indulgens doutent de la bonne foi de celui qui l'énonce.

A de si graves, à de si doctes autorités, j'oserais en opposer d'autres. Depuis Socrate jusqu'à Franklin, je vois des philosophes qui tous ont jugé que l'homme peut diriger, perfectionner ses facultés, et s'instruire dans la science du bonheur. Quels hommes ont ainsi pensé? ceux qui forment l'élite de l'espèce humaine. Chacun d'eux était-il environné d'heureuses circonstances qui dussent inspirer la même philosophie? Ils connurent toutes les situations de la vie; et, comme si la nature eût voulu, par de grands exemples, prouver que notre bonheur dépend de notre raison plus que des circonstances, Épictète vécut dans les fers et Marc-Aurèle sur le trône.

On rend hommage aux philosophes de la Grèce. Leur gloire est-elle fondée sur leur physique pleine d'erreurs, ou sur leur métaphysique souvent puérile? Non; ils ont mérité la vénération des siècles, en traçant des principes dont la pratique nous rendrait meilleurs et plus heureux. Quelles sciences estimait le divin Socrate? une seule, celle qui peut nous apprendre à bien vivre. Qu'on ne dise point que je substitue une science à une autre science; que Socrate enseignait la morale, non cet art prétendu, ce vain art d'être heureux. Chez les Grecs, la morale avait un but parfaitement déterminé, et c'était au bonheur que les sages conduisaient leurs disciples. Hommes illustres, dont nous dédaignons les maximes, mais dont nous révérons encore les noms, quel résultat nous avons obtenu du progrès des lumières! Nous parlons avec enthousiasme des sciences que vous jugiez frivoles, et nous traitons de chimérique la seule qui vous parût vraiment digne de l'homme.

Oh! si l'on eût dit à ces philosophes qu'ils ne réformeraient pas le genre humain, qu'au lieu de rêver à la sagesse, au bonheur, ils devaient quitter des sujets si futiles, et consacrer leurs veilles à des sciences plus dignes de nous occuper, ne pensez-vous pas que la pitié les eût fait sourire, et que, s'ils eussent daigné répondre, ils auraient dit : « Nos traités ne réformeront point le genre humain ; nous n'arracherons du cœur des méchans ni l'orgueil, ni la cupidité, ni l'envie ; mais n'aurons-nous pas la gloire d'affermir l'homme de bien dans sa carrière ? Au milieu des orages, il sentira ses forces renaître, en voyant que nos âmes étaient d'accord avec la sienne. Quelque faible que soit l'influence des écrits, ne faites pas cet affront à l'humanité de croire que les nôtres, partout répandus, ne trouveront nulle part des hommes dignes d'en profiter. Peut-être enflammeront-ils d'un saint amour pour la vertu quelques-uns de ceux qui les liront dans l'âge des résolutions généreuses. Peu de lecteurs pratiqueront notre doctrine dans toute son étendue, presque tous lui devront quelques principes salutaires. Il est possible que nous n'ayons jamais des disciples nombreux ; mais nous en aurons dans toutes les contrées et dans tous les siècles. » Je me fais sans doute illusion, car je n'aperçois ni exagération, ni rêveries dans ce discours.

La science du bonheur est chimérique, si l'on veut qu'elle donne des charmes à toutes les situations où l'on peut être jeté par le sort. Mais au lieu de vouloir nous conduire au bonheur idéal, si l'on dissipe les erreurs qui voilent à nos yeux les vrais biens, si l'on nous apprend à réunir de faciles plaisirs, à rendre plus rapides les instans douloureux, on nous enseigne un art qu'il est possible de démontrer et de perfectionner.

Cet art paraît-il encore difficile? qu'on me nomme celui qui n'exige aucun effort. Pense-t-on qu'il ne peut être d'une utilité générale? vos habiles instituteurs cessent-ils d'enseigner l'éloquence parce qu'ils ne forment pas autant d'orateurs qu'ils ont d'élèves? Plus je réfléchis sur l'art d'être heureux, plus je vois qu'on peut l'assimiler aux autres arts. Toutefois il en diffère par son extrême importance; c'est d'après leurs rapports plus ou moins directs avec ce premier des arts qu'on devrait juger le degré d'intérêt qu'ils méritent. Pour apprécier une science, une loi, une entreprise, une action, je ne connais d'autre moyen que d'observer leur influence sur le bonheur des hommes.

Si les leçons de morale ne laissent qu'une impression fugitive, il le faut attribuer sans doute à deux causes principales : la faiblesse de notre nature, et la contagion de l'exemple. Mais une autre cause appartient à ceux qui nous enseignent la morale, c'est l'exagération de leur doctrine. Ils élèvent sur des monts escarpés l'autel de la sagesse : eh! pourquoi tenterait-on, pour y parvenir, de pénibles efforts? A la tristesse des ministres, on juge que leur divinité n'est pas celle qui dispense les douces joies, l'oubli des peines et l'espérance.

Croire qu'il est utile d'exagérer la morale est une des plus funestes erreurs. C'est ainsi qu'on excite la répugnance pour la sagesse, et qu'on fait repousser la vérité. A l'époque où les hommes jugent par eux-mêmes, reconnaissant qu'ils ont été trompés, impatiens de secouer un joug qui leur pèse, ils rejettent, avec des préjugés ridicules, les plus sages principes. Pour être écoutés, soyons vrais : présentons avec force les maux que l'homme, s'il abuse de ses facultés, appelle sur sa courte carrière ; mais disons, avec une égale franchise, qu'il commet une faute, s'il refuse ou néglige de tirer de ses facultés autant de parti qu'il est possible pour embellir sa vie.

Morale est un mot qu'on a trop souvent employé pour propager des principes exagérés et faux. A ce mot usé, et d'un sens équivoque, on devrait substituer une dénomination qui montrât nettement le but vers lequel il faut se diriger. La morale est l'art d'être heureux, ou la morale n'est qu'une science de convention, tantôt inutile et tantôt dangereuse.

Oui, c'est l'art d'être heureux qu'il faut enseigner : et l'austérité doit être bannie de la forme des discours, ainsi que du fond des pensées. Ils sont les plus utiles précepteurs du genre humain, ces hommes dont l'âme tendre veut bien moins commander qu'inspirer la vertu, et dont l'imagination brillante sait offrir de sages principes sous des formes qui charment l'esprit et flattent la curiosité. Savez-vous quel est le meilleur ouvrage de morale qui soit jamais sorti de la main des hommes? C'est *le Ministre de Wakefield*. Montrer un père de famille en butte à tous les genres d'infortune, leur opposant toujours son courage ou sa résignation, c'est présenter un tableau sublime : le génie et la vertu réunis ont pu seuls en concevoir l'idée. Tous les hommes de bien doivent à son auteur un tribut de vénération et de reconnaissance. On demande quelquefois, si vous ne pouviez avoir qu'un livre, quel est celui que vous conserveriez? Je conserverais *le Ministre de Wakefield*.

La puissance de l'éducation, celle des institutions publiques seraient nécessaires pour rendre générales les habitudes conformes au bonheur : mais les livres, dont je n'ai point exagéré l'influence, sont utiles, surtout à l'homme que sa raison élève au-dessus du vulgaire. Heureux celui qui sait ajouter de bons livres au petit nombre de ses amis! qui souvent s'éloigne du monde, pour jouir de leur paisible entretien ; et toujours en rapporte plus de sérénité, de courage et d'espoir.

En soutenant qu'il est impossible d'accroître la somme des biens, de diminuer celle des maux, on ne remarque pas que, cette opinion fût-elle vraie, il faudrait suivre encore mes principes. Prêchez à l'homme de bien votre doctrine décourageante, vous l'affligerez ; mais vous n'obtiendrez sur ses mœurs aucune influence. Il cherchera toujours à se perfectionner ; il essaiera toujours de calmer les peines de ceux qui l'entourent, de nous rendre plus humains et plus heureux. Ses nobles efforts ne sauraient être entièrement perdus : les intentions pures, les vœux sincères qu'on forme pour ses semblables donnent à l'âme une douce sérénité ; et c'est assurer son bonheur que de rêver à celui des autres.

FIN DE L'ESSAI SUR L'ART D'ÊTRE HEUREUX.

ÉLOGE
DE
MONTAIGNE.

La Classe de Littérature de l'Institut proposa pour sujet de prix, en 1811, l'*Éloge de Montaigne*. Ce discours obtint une médaille : je le place à la suite de l'*Essai sur l'art d'être heureux*, dont il forme, pour ainsi dire, un appendice.

ÉLOGE
DE
MONTAIGNE.

« Il déscnseigne la sottise. »
Préface de Mlle *de* Gournay.

Observateur sans préjugé, moraliste aimable et franc, écrivain toujours original, Michel Montaigne fait oublier qu'il est auteur; il cause, et l'on est attentif à ses discours, qui réunissent la profondeur et la gaîté, la bonhomie et la finesse; on ne le quitte point sans desirer le revoir, et bientôt on devient son ami. Pour espérer de lui rendre un digne hommage, quels sont mes titres? Je n'en ai qu'un, Messieurs, c'est d'avoir vécu beaucoup avec lui.

L'éclat de ces solennités littéraires, où vous

appelez des élèves à couronner les bustes de leurs maîtres, exige sans doute que la pompe des paroles vienne s'allier à la dignité des pensées. Mais je me représente Montaigne esquissant un chapitre sur les Éloges. Dans le sien, il voudrait reconnaître sa physionomie. Il serait moins blessé d'une phrase familière que d'un mot ambitieux, lui qui dut sa force à son abandon, sa grâce à sa négligence, et qui se montra toujours simple, piquant et vrai. Docile à ses leçons, je craindrai surtout d'être un rhéteur ; je n'essaierai point d'éblouir par des couleurs brillantes ; et vous serez indulgens, si mes tableaux sont fidèles.

Je rejette les divisions qui s'offrent à mon esprit : un plan méthodique pourrait-il convenir à l'éloge d'un écrivain qui dédaigna la méthode ? Je retracerai presque à la fois sa vie, son caractère et ses opinions. Il y aura cependant de l'ordre dans ce discours : ne ressemblant pas à Montaigne par ses heureuses qualités, je veux du moins éviter ses défauts.

La plus douce éducation forma son caractère et sa raison. Modèle de bonté, son père, en l'élevant, éloignait la contrainte, et le garantissait avec soin de la tristesse et des ennuis. Seul enfant à qui le latin n'ait point coûté de larmes, Montaigne parlait cette langue avant de savoir comment il l'avait apprise. Quand ses études interrompaient les amusemens de son âge, on voulait qu'il crût changer de jeux et de plaisirs. Un fait suffit pour montrer quelle ingénieuse tendresse dirigeait son éducation : dans la crainte d'altérer, par un brusque réveil, ses facultés naissantes, on l'éveillait au son des instrumens.

Je ne puis méconnaître l'influence de ses premières années sur sa philosophie. Tant de soins et d'amour le disposent à fuir la dépendance, à suivre sa raison plus que l'opinion, à se plaire au sein du repos et de l'insousiance. Je vois même une éducation, quelquefois singulière, préparer la teinte originale et le charme piquant des Essais.

Quel contraste frappa Montaigne aussitôt que la société s'offrit à ses regards ! Ce philosophe a vécu sous six rois (1). L'aurore des lettres que François Ier fit briller pour nos pères éclaira son berceau ; avant sa mort, la valeur et la clémence de Henri promirent à la patrie un heureux avenir; mais, des temps de calamité, de superstition et de honte remplissent l'intervalle qui sépare ces deux époques. Montaigne sortait à peine de l'enfance, lors de l'extermination des Vaudois; et, durant sa vie presque entière, la France désolée vit, avec épouvante, disputer de fureurs et de crimes les soldats, les assassins et les bourreaux. Ah! combien il dut sentir le besoin de se replier sur lui-même! Combien les tempêtes du monde lui rendirent plus chère cette philosophie qui, loin des routes de l'ambition, tient école de plaisirs vrais, et, dédaignant les rôles fastueux que briguent l'orgueil et l'imprudence, réserve à ses disciples celui d'obervateur.

L'amour du repos et de l'indépendance est le sentiment qui dominait le nonchalant Montaigne. Il est deux sortes de nonchalance. L'une engourdit, attriste de petites âmes, et les fait végéter sous le poids d'un ennui perpétuel. L'autre se nourrit dans quelques âmes privilégiées, dont les pensées, les desirs sont étrangers aux intérêts vulgaires. Évitant la contrainte importune des travaux commandés, elles sont ingénieuses à se créer des occupations libres, sereines, élevées comme elles ; et, s'y livrant, ou les interrompant chaque jour à leur choix, elles allient, avec délices, les charmes d'une utile insouciance aux plaisirs d'une riante et douce activité.

Craignant les ennuis d'une existence oisive et les chagrins d'une vie dépendante, desirant une occupation qui ne vînt jamais l'assujétir, et qui fut toujours à ses ordres, Montaigne, au sein de la retraite (2), imagina de composer un livre dont il serait lui-même le sujet. Son but, en écrivant ses pensées, est de rendre plus doux son loisir ; il ne fatigue point son esprit à méditer un plan : Montaigne philosophe est encore cet heureux enfant dont les travaux se changeaient en plaisirs.

Le hasard semble avoir décidé l'ordre de ses chapitres ; ils sont incomplets, les idées qu'ils renferment sont dépourvues de liaison entre elles ; mais ces idées, justes, neuves, spirituelles ou profondes, excitent plus à la réflexion qu'un traité méthodique. Du mélange, quelquefois bizarre, de tant de pensées, de faits et de citations, de tant de phrases pittoresques, naives, énergiques, résulte un livre singulier, qui plaît aux gens du monde et qu'étudient les sages. Sa forme permet de le parcourir, comme un de ces recueils destinés à d'oisifs lecteurs ; et c'est un des plus attachans ouvrages que la philosophie ait offerts à la méditation des hommes. La négligence même, en ajoutant au naturel de cet ouvrage unique, lui donne un charme nouveau. Que dis-je ? le livre disparaît, Montaigne est près de vous. Quand je le lis, je le vois ! La candeur et la rêverie se peignent sur son front, son œil est à la fois doux et vif ; j'entends son accent animé ; je vois jusqu'à son costume, dans lequel on l'accusait d'affecter un peu de singularité. Souvent nous contestons ; je lui reproche quelques sophismes, quelques opinions fausses, dangereuses en morale ; mais je veux le condamner ; sa bonne foi est son excuse. Me semble-t-il un peu long et diffus, je lui prête encore toute mon attention, certain que bientôt une idée juste, vivement exprimée, me fera reconnaître le Montaigne que j'aime. Il me dit une foule de ces secrets du cœur que l'on sait vaguement, et qu'on a seulement assez aperçus pour sentir le mérite de l'observateur ingénieux et vrai qui les met au grand jour. Il m'enseigne une utile et riante philosophie, il devient mon guide : je lui dois les sages réflexions que je puise dans ses discours, et celles que je fais lorsque, après l'entretien, je pense à mes erreurs ou je rêve aux bizarreries du monde!

Pour le vulgaire des lecteurs, il n'existe dans Montaigne que des idées éparses. Mais je suppose qu'on voie chaque jour un poète, qui se plaît à parler des charmes et des secrets de son art. Dans la liberté de la conversation, il traite, il effleure le premier sujet qui s'offre à son esprit; il l'abandonne pour un autre, qu'une circonstance peut-être légère lui présente. Toutefois, après de nombreux entretiens, on peut donner de l'ordre aux idées qu'on a recueillies, et, pour ainsi dire, en former une poétique. De même, si l'on a conversé fréquemment avec l'auteur des Essais, il est facile de réunir ses idées principales, et de juger son système de philosophie.

Mon mestier et mon art, dit-il, *c'est vivre.* Cette pensée, qu'il reproduit fréquemment sous des formes diverses, indique le but de sa philosophie. S'il est un principe usé, une vérité triviale, c'est que nous devons consacrer des soins assidus aux fonctions qui nous sont confiées. Les hommes proclament et négligent ce principe. Mais ce qu'ils semblent ignorer, c'est que notre première et constante fonction sur la terre est de vivre : faute de le savoir, chacun d'eux est dupe de soi-même plus encore que de tout autre. Montaigne connut ces vérités; elles réglèrent ses opinions et sa vie. Parmi les arts, il veut que d'abord on choisisse celui qui nous fait libres. Les seuls ouvrages qui lui plaisent sont ceux qui peuvent nous amuser ou nous instruire à bien vivre. Ne demandez point d'autre science à cet apôtre de l'ignorance, à cet homme qui se vante d'être *extresmement oysif, extresmement libre, et par nature et par art;* il se complaît dans sa philosophie : il vous dira que *c'est un doux et mol chevet, et sain, que l'ignorance et l'incuriosité, à reposer une teste bien faite.* Sa profession en cette vie est de la vivre mollement. *Je la jouis,* dit-il, *au double des autres; j'arreste la promptitude de sa fuite par la promptitude de ma saisie. Le glorieux chef-d'œuvre de l'homme c'est vivre à propos. Toutes autres choses, regner, thesauriser, bastir ne sont qu'appendicules et adminicules pour le plus.*

Oh! que j'aime ce philosophe dénigrant la tristesse, blâmant le monde d'avoir entrepris d'en habiller, comme à prix fait, la sagesse. *Qui me l'a masquée*, s'écrie-t-il, *de ce faux visage pasle et hideux? il n'est rien plus gay, plus enjoué, à peu que je die folastre... Elle a pour but la vertu, qui n'est pas, comme dit l'escole, plantée à la teste d'un mont coupé, rabotteux et inaccessible. Qui sçait son addresse y peut arriver par des routes ombrageuses, gazonnées et doux fleurantes.*

La sagesse qui plaît à Montaigne, et qu'il regarde comme *la mère nourrice des plaisirs humains*, sait être riche et puissante; elle aime la vie, la beauté, la gloire et la santé; mais son office particulier est d'user de tous les biens réglément, et d'en supporter la perte avec constance. Toujours il part de ces principes que *la raison se moque ou ne doit viser qu'à notre contentement,* qu'en la vertu même notre but est la volupté: *il me plaist*, ajoute-t-il, *de battre leurs oreilles de ce mot qui leur est si fort à contrecœur.* Gémissant de ce qu'on s'étudie à multiplier nos misères, célébrant la modération, non l'austérité, il fait plus que s'éloigner des principes des moralistes rigides ; il refuse à leurs actions le prix de la difficulté.

Montaigne rit de ces prétendus sages qui *veulent disjoindre les deux pièces de notre être*, les uns pour ne soigner que le corps, les autres pour ne songer qu'à l'âme. S'il éprouve une sensation agréable, il ne la laisse point *friponer aux sens*, il s'y repose ; il appelle l'âme pour en jouir, il *l'emploie à se mirer en ce prospère estat, à en estimer le bonheur, et l'amplifier*. Si le corps souffre, il cherche à garantir l'âme de la contagion ; il la distrait, l'élève, essaie d'échapper à la douleur et de lui faire perdre sa trace.

Que d'autres anticipent sur les accidens de la vie, et se privent des biens dont ils pourraient jouir ; il lui suffit, sous la faveur de la fortune, de se préparer aux revers qu'elle peut lui garder. Embrassant curieusement les plaisirs, sans se dissimuler leur inanité, ce philosophe dédaigne les faux biens qui tourmentent les hommes. Dégoûté de *maîtrise active et passive*, par ambition il refuse l'ambition, et ne la permet qu'à ceux qui n'ont rien à perdre

Souvent la sagesse même l'inspire; quelquefois, cependant, il cède avec tant de mollesse au charme des maximes épicuriennes, ou se livre avec tant de hardiesse à son dédain pour l'opinion que de jeunes lecteurs abuseraient peut-être de quelques-unes de ses pensées. Je placerais la première lecture des Essais à cet âge qui n'est plus la jeunesse et qui n'est pas encore l'âge mûr, à cette époque où l'âme conserve assez de chaleur pour adopter les résolutions généreuses, où l'esprit est assez exercé pour discerner les erreurs. Il est possible que Montaigne ne soit pas un excellent instituteur, mais c'est un bon ami.

Quand un philosophe nous plaît, en donnant les leçons d'une indulgente sagesse, nous souhaitons qu'à l'abri des revers il puisse toujours goûter le bonheur dont il trace l'image... Des souffrances aiguës atteignirent Montaigne, éprouvèrent la constance de cet homme qui, longtemps heureux, semblait formé pour ne connaître sur la terre que la rêverie, l'insouciance et la gaîté. Il est une philosophie théâtrale et verbeuse qui se tait dans le danger; les coups du sort brisent ses échasses. Il en est une qui nous reste fidèle ; modeste dans ses promesses, elle sait les réaliser toujours. Montaigne en fit l'épreuve : elle avait modéré les plaisirs de son jeune âge, elle vint tempérer les douleurs de sa vieillesse. Quel touchant intérêt il inspire dans cette situation ! Non, je ne pense pas qu'aucun vieillard, aucun être souffrant, lise, sans éprouver de consolation, les pages dans lesquelles il s'entretient des motifs qui le rendent patient au milieu des douleurs. La plupart des moralistes qui veulent nous armer contre les maux de la vie, raisonnent tristement, nous offrent des idées vraies, mais froides ; elles glissent sur l'âme. Quelques autres, doués d'une imagination brillante, énoncent des principes que l'on trouve charmans lorsqu'un sort paisible dispense de les mettre en pratique. Les pensées de l'auteur des Essais sont à la fois ingénieuses et justes. A mesure qu'il voit les années disparaître, il semble donner à son art de vivre une teinte plus douce. Je me plairai toujours à répéter ces fragmens enchanteurs de la philosophie de sa vieillesse. Anacréon, Horace, êtes-vous plus aimables ? *Je me défends de la tempérance, comme j'ai fait autrefois de la volupté; je dérobe ma vue de ce ciel orageux et nubileux que j'ay devant moi, et me vay amusant en la recordation des jeunesses passées... Que l'enfance regarde devant elle, la vieillesse derrière. Les ans m'entraisnent s'ils veulent, mais à reculons..*

Une philosophie sereine exige une âme élevée. En berçant mollement sa vie, souvent Montaigne pensait aux troubles de la nôtre. Il voyait alors nos préjugés serviles, nos passions haineuses, et souhaitait d'adoucir nos maux. La philosophie des Essais va s'offrir sous un nouvel aspect.

Les réformateurs imprimaient à l'Europe cette grande impulsion si fameuse dans les annales de l'esprit humain. Antagoniste ou partisan des opinions nouvelles, on devait au desir de les combattre ou de les propager l'exercice plus assidu, plus libre de toutes ses facultés intellectuelles. Mais c'était en s'agitant que les esprits s'éclairaient, et d'horribles discordes ensanglantèrent cette époque. Tandis que les Français, couvrant de deuil la patrie, s'entre-déchiraient sous les bannières du fanatisme,

Montaigne, dans ses écrits, inspirait la tolérance et la paix. Trop ami du repos pour se plaire à des nouveautés turbulentes, trop humain pour ne pas détester la violence et l'injustice, il s'éloignait des réformateurs par ses goûts, de leurs persécuteurs par ses principes. Ennemi de la superstition et des troubles, il fut le sage de ces temps déplorables. Laissant aux défenseurs des préjugés l'humeur sombre et l'argumentation scolastique, c'était en se jouant qu'il répandait la lumière. Il faisait sentir le besoin d'obtenir et d'offrir l'indulgence, lorsqu'il peignait la diversité de nos opinions, l'incertitude de nos jugemens, l'inconstance de nos desirs. Le pédantisme était déconcerté par ses questions modestes ou piquantes; la crédulité, l'erreur cédait aux leçons d'un homme habile à faire disparaître la sécheresse de la raison sous les formes d'une aimable insouciance et d'un ingénieux pyrrhonisme.

Des critiques veulent trouver, et louent dans Montaigne un esprit de doute universel, qu'ils jugent convenable à notre faiblesse; d'autres l'accusent de ne laisser à ses disciples, pour résultats de ses leçons, qu'une affligeante perplexité. Apprécions, avec plus de justesse, le scepticisme de l'auteur des Essais. Ce philosophe hésite-t-il, lorsqu'on lui demande quel doit être notre but dans la vie? Sa doctrine sur la sage volupté, sur la modération et le plaisir n'est-elle pas affirmative? Plus il cultive son art de vivre doucement, plus il est disposé à montrer la vanité des occupations inutiles ou funestes au bonheur. L'esprit de doute que l'homme raisonnable exerce volontiers sur une multitude d'objets se trouva fortifié dans Montaigne par l'importance qu'il attachait à la seule science qui, selon lui, fût digne de remplir nos instans (3).

Sans altérer sa franchise, le pyrrhonisme dut être quelquefois un jeu de son esprit. Il haïssait les dogmatiques et les scolastiques. Leur ton arrogant blessait son indépendance; leur humeur querelleuse était en contraste avec son humeur pacifique; leur obstination affligeait son amour pour la vérité, et leurs subtilités excitaient son mépris. Dans son antipathie pour eux, desirant leur déplaire, il choisissait les formes qu'il jugeait propres à faires ressortir le ridicule et les erreurs de l'espèce de philosophie dont il s'éloignait par caractère, par goût et par principes.

Un autre motif dut exercer quelque influence sur le choix des formes qu'il lui convenait d'adopter. De stupides folies, d'odieux préjugés avaient alors de puissans défenseurs. L'écrivain qui rendait justice au talent d'un poète hérétique était lui-même accusé d'hérésie. A peine osait-on soutenir que les victimes d'une crédulité barbare, livrées aux flammes pour de vains sortiléges, eussent mieux mérité les secours, les soins de la pitié*. Montaigne, voulant concilier, avec le desir d'éclairer les hommes, celui de couler des jours paisibles, donnait les découvertes de sa raison pour les jeux de son imagination; et dès que le sujet d'un chapitre peut porter ombrage à l'autorité qu'il redoute, on le voit, usant de prudence, chercher à prévenir les accusations téméraires. Un tel soin ne fut pas la seule cause de son repos : il est des hommes dont le caractère fait excuser les opinions. L'insouciant Montaigne, écrivant sans ordre et sans prétention,

* Voyez les *Essais*, Liv. III, Chap. XI.

vécut tranquille; et Charron, moins hardi, mais sérieux et méthodique, encourut des censures.

Quand l'auteur des Essais fut sceptique, il suivit une philosophie qui souvent est nécessaire dans la recherche du vrai, et qui s'allie avec l'amour du repos, de la tolérance et de la liberté. Vainement tenterait-on de le calomnier, en abusant de quelques-unes de ses pensées; il n'éprouva jamais cet affreux pyrrhonisme qui s'étend sur nos devoirs, et les met en problème. Je suis frappé d'un long étonnement, lorsque j'entends Rousseau accuser un philosophe dont il connaissait si bien les écrits. On cite la véhémente apostrophe dont il veut l'accabler, en lui demandant *s'il est quelques pays sur la terre où ce soit un crime de garder sa foi, d'être clément, bienfaisant, généreux, où l'homme de bien soit méprisable et le perfide honoré**. Question étrange! On la répète, et l'on oublie la réponse. Un sage a dit: *Il ne se trouva jamais d'opinion si desréglée qui excusast la trahison, la déloyauté, la tyrannie,*

* *Émile*, Liv. V.

la cruauté; et ce sage est Montaigne * (4).

Dans tous les siècles, l'auteur des Essais eût honoré la France; mais combien les ténèbres dont il était environné le rendent plus étonnant et plus digne d'hommages! Il ferait de nos jours un chef-d'œuvre; dans son siècle, il a fait un prodige! Des temps encore barbares ont vu produire ce livre original, qu'au milieu de nos richesses littéraires nous retrouvons toujours avec un sentiment de prédilection. Premier ouvrage réellement instructif écrit dans notre langue, les Essais ont été les rudimens de la raison. Montaigne ressemble à ces peintres célèbres qui voient sortir de leurs écoles une foule d'élèves qu'animent leurs préceptes et leur exemple, et dont les succès ajoutent à l'éclat de leur gloire. Les pages empreintes de son génie ont exercé les méditations de tous les auteurs qui lui ont succédé. Ses principes ont été mille fois commentés, modifiés, reproduits : nos écrivains les plus opposés par leur caractère et le genre de leurs ouvrages ont profité de ses pensées. Mais, parmi

---

* *Essais*, Liv. 1, Chap. xxx.

les hommes qui ont abondamment puisé dans les Essais, sans tarir cette source féconde, celui qui doit le plus à Michel Montaigne c'est Jean-Jacques Rousseau.

Il faudrait examiner les principes du philosophe de Genève sur l'éducation, les conseils qu'il adresse aux femmes, son discours sur les lettres, ses réflexions sur la mort, sur le suicide, sur beaucoup d'autres sujets, pour montrer les secours qu'il doit aux Essais. Il reçut l'heureux privilége de s'approprier les idées qu'il trouvait conformes aux siennes : génie puissant et fait pour dominer, lorsqu'il emprunte, il semble encore créer. Mais quelle immense gloire reste à Montaigne! quelle influence il exerce! Dans le seizième siècle, ses pensées firent balbutier aux Français le langage de la raison; et, dans le dix-huitième, elles enflammèrent l'écrivain qui, par son éloquence, étonna l'Europe.

On admire la profonde raison de l'auteur des Essais, on aime sa franchise; on n'a pas assez observé la variété de son génie. Examinez dans quelle classe de moralistes, de philosophes, doit être placé Montaigne.

Par la direction qu'il donne à ses études, et par son dédain pour les nôtres, il appartient à cette école de Socrate, qui, négligeant les sciences vulgaires, cultivait celle dont le but est d'élever notre âme et de rendre nos jours sereins.

Mais la morale du plus sage des Grecs n'eut point la mollesse de cette philosophie qu'on nomme épicurienne, et dont le chantre de Tibur a donné de si douces leçons. Montaigne fut encore le disciple fervent de cet amant heureux de la sagesse et des muses; épris de toutes les voluptés, il vécut entre Horace et Platon.

Notre insouciant philosophe, que le plaisir paraît toujours guider, compatit cependant aux maux de ses semblables. Armant le ridicule contre les préjugés, attaquant le fanatisme avec adresse, avec courage, il est au rang des bienfaiteurs de l'humanité.

Nous devons encore le placer parmi les moralistes habiles à juger nos mœurs, à saisir nos travers. Molière, Le Sage, La Bruyère, Montaigne ont ce rapport entre eux qu'ils sont des observateurs de l'homme et des peintres du monde.

Enfin, si l'on considère l'originalité des Essais, ce mélange de force, de grâce et de naïveté, qui vient y servir la raison, ce style incorrect, qu'on n'oserait corriger, on voit l'auteur occuper une place qui n'appartient qu'à lui seul. Son génie, son influence la lui donnent. Il s'élève entre les siècles anciens et les siècles modernes; il répand sur ceux-ci les lumières recueillies dans les autres : il sort des écoles d'Athènes, il en ouvre une où les Français s'instruisent.

Les reproches adressés à Montaigne ont souvent excité ma surprise. S'ils étaient justes, Messieurs, je le reconnaîtrais avec la franchise que ce philosophe eut toujours en parlant de lui-même (5).

On voit à regret pour chefs de ses plus ardens détracteurs ces pieux solitaires qui, du fond de leur retraite, donnant aux sciences une impulsion nouvelle, semblaient n'avoir quitté le monde que pour mieux apprendre à l'instruire. Leur inimitié peut s'expliquer sans qu'on discute ni l'orthodoxie de Montaigne, ni celle de Port-Royal. Doué d'une imagination vive et d'une raison indulgente, le philosophe dont j'esquisse l'éloge se plaisait à voir folâtrer la sagesse, et voulait qu'elle fût escortée du plaisir et des grâces. Il effraya les austères partisans du sombre jansénisme. Leur esprit n'était pas aussi conciliant que leurs mœurs étaient pures; et, s'ils se montraient heureux à donner de l'attrait aux sciences, ils étaient moins habiles à rendre aimable la sagesse. Je ne décide pas s'il faudrait demander un peu plus de gravité dans la morale qu'ils réprouvent, un peu moins de sévérité dans celle qu'ils professent. Pardonnons à d'illustres écrivains leur partialité à l'égard de Montaigne, ainsi que nous excuserions la sienne envers eux si, contemporain de leurs antagonistes, il eût malignement attaqué leurs principes dans un chapitre intitulé *du jansénisme*; et qu'il eût voulu nous faire apercevoir quelque orgueil sous le cilice des doctes solitaires.

Des censeurs ont accusé Montaigne d'enseigner une morale qui ramène trop souvent nos affections à nous-mêmes. Il n'était point de ces étranges raisonneurs qui prétendent anéantir le moi; il voulait des conseils praticables, et riait de ces graves leçons que ne pensent à suivre ni ceux qui les écoutent, ni celui qui les donne.

Mais, dans son dernier livre, je trouve encore des idées sages sur nos devoirs envers les hommes; et ce livre, il l'écrivit à l'époque où la vieillesse, l'expérience et les douleurs pouvaient, en modifiant son caractère, le rendre moins sensible et moins juste (6). Qu'on ne l'accuse point d'égoïsme, j'en appellerais à ses principes, j'en appellerais à sa vie.

Deux des plus nobles sentimens du cœur humain, la piété filiale et l'amitié, ont été des passions pour Montaigne. Avec quel soin et quel amour il s'attache à rendre vénérable la mémoire de son père! On sent qu'il la recommande à l'affection du lecteur. Ce qu'il peut avoir d'estimable, il ne l'attribue qu'au bonheur de sa naissance, aux exemples domestiques, à la sage institution de ses jeunes années. On le voit religieusement occupé de conserver les souvenirs chers à son cœur. Ce n'est point un plaisir pour lui que d'ordonner des constructions ou d'embellir un jardin; mais il achève les travaux commencés par son père; il exécute les projets qu'il lui a connus; il veut le rendre encore présent dans le château de Montaigne.

Ces amitiés célèbres qui, dans les siècles antiques, ont honoré la terre, n'offrirent pas de plus parfait modèle que la tendre union de Montaigne et de La Boëtie. Entraînés l'un vers l'autre par toute la puissance d'une aveugle sympathie et d'une estime éclairée, leurs volontés se confondirent; une seule âme semblait inspirer... Je m'arrête, Messieurs; cette union si pure, un autre que Montaigne doit-il essayer de la peindre? Il faut vous lire les pages dans lesquelles revit son amitié. Mais elles sont présentes à votre mémoire, et j'entends autour de moi répéter ces mots attendrissans : *Si on me presse de dire pourquoi je l'aimois, je sens que cela ne se peut exprimer qu'en respondant : parce que c'estoit lui, parce que c'estoit moi... Les plaisirs mesme, au lieu de me consoler, me redoublent le regret de sa perte. Nous étions à moitié de tout, il me semble que je lui dérobe sa part!* Privé du confident de ses pensées, du frère de son choix, Montaigne se trouva solitaire; et la place que nul autre ne pouvait occuper dans son cœur, fut à jamais remplie par un tendre et douloureux souvenir.

Ami fidèle, excellent père; mari sans amour,

mais soigneux du bonheur de sa femme; indulgent, désintéressé, confiant, Montaigne fut un homme de bien.

On lui reproche d'avoir beaucoup parlé de lui-même. Il est assez bizarre qu'on lui reproche d'avoir écrit les Essais !

Il n'avoue, dit-on, que de légers défauts. S'il n'en avait pas d'autres, fallait-il qu'il en imaginât? Pour moi, je lui reprocherais plutôt de n'avoir pas dit tout le bien qu'il devait savoir de lui-même. Il ne parle point de l'élévation de son âme; et, cependant, quel noble caractère il déploya dans les troubles civils ! Environné de fanatiques persécuteurs ou persécutés, n'entendant que des cris de haine et de proscription, il ouvrit sa retraite à tous les partis, et, pour éloigner les dangers, il se montra sans alarmes. Soldats ou villageois, étrangers ou Français, huguenots ou papistes, tous les hommes étaient pour lui des voyageurs à secourir. Donnant l'hospitalité même à ses ennemis, il s'endormait avec eux sous le toit qu'il leur avait offert. Longtemps il jouit en paix de l'estime publique, longtemps il fut gardé par le respect et la reconnaissance. Mais quelles vertus trouvent grâce dans les discordes civiles? Montaigne vit enfin ses propriétés ravagées : les horreurs de la peste se mêlèrent aux horreurs de la guerre. Contraint de fuir, guidant une troupe éplorée, ne sachant lui-même où reposer sa vieillesse, il fut encore, durant l'orage, le consolateur et l'appui de ceux qui l'entouraient.

Sa philosophie n'était pas seulement dans ses discours. Ses talens, sa naissance, l'appelaient sur la scène du monde, et les troubles civils multipliaient les routes de l'ambition. Il fut décoré du premier ordre de l'État. Deux fois ses concitoyens l'élevèrent aux fonctions de maire de Bordeaux. Son caractère lui fit obtenir dans tous les partis l'estime des hommes distingués (7). Souvent les Essais offrent des vues profondes sur des sujets politiques (8). Avec moins de philosophie, Montaigne eût brillé dans la carrière du pouvoir et des honneurs ; mais il vécut indépendant, sans augmenter ni diminuer la fortune de ses pères, et s'acquitta de sa dette en nous léguant son exemple et son ouvrage (9).

L'auteur des Essais appartient à l'histoire des

lettres ainsi qu'à l'histoire de la philosophie, et je dois, Messieurs, en considérant son style, offrir encore à vos regards une partie de sa gloire.

Son langage se compose de français, d'imitations du latin, et de locutions usitées dans le Périgord et dans la Gascogne. C'est avec ces élémens informes et bizarres que Montaigne sut produire des pages que nous étudions encore, pour y découvrir le secret de féconder notre langue, et pour apprendre l'art de soumettre les mots à la pensée.

Cet écrivain doit à sa manière originale de sentir et de concevoir un style riche d'images hardies, de tours poétiques, d'expressions colorées, vives et pittoresques. Heureux dans ses tons variés, jamais la monotonie n'appesantit sa plume. Veut-il rendre un sentiment avec force? des mots inattendus obéissent au mouvement de son âme. Veut-il peindre des idées aimables? il les présente mollement et leur donne une grâce naïve. Mais ce qui répand un charme inimitable sur le plus singulier de nos ouvrages, c'est ce je ne sais quoi de simple et de piquant qui fait douter si Montaigne écrit ou s'il parle;

Peut-être des mots et des tours vieillis, dont la valeur est moins déterminée pour nous que celle des mots et des tours usuels, nous font-ils trouver, dans quelques phrases, des beautés que l'auteur ne leur a point données; mais il serait injuste de généraliser cette observation. Si notre imagination seule nous fait trouver de la grâce dans les Essais, pourquoi n'en donne-t-elle qu'à si peu de passages du traité de Charron?

De grands prosateurs ont évidemment étudié le style de Montaigne. Ses couleurs se reproduisent quelquefois sous les pinceaux de La Bruyère, de Montesquieu et de Jean-Jacques. Étrange singularité! l'auteur, objet de si précieuses études, fut bien moins utile à notre langue qu'on n'aurait dû le supposer; elle est formée, pour ainsi dire, d'après un autre système que la sienne.

Le partisan du vieux langage exhale encore ses regrets. « Quel écrivain, dit-il, quel écrivain doué d'une âme forte, d'une imagination vive, après avoir lu Montaigne avec enthousiasme, ne gémit pas d'être privé des richesses et de la liberté de nos pères? Que sont devenues tant d'expressions harmonieuses, dont l'énergie ou la grâce nous plaît dans les Essais? Quel caprice les a proscrites? Vous rougiriez de les ignorer, et vous n'osez en faire usage! Des formes elliptiques, tantôt naïves et gracieuses, tantôt hardies et véhémentes, sont remplacées par une foule d'articles, de mots sans force et sans couleur, qui ralentissent la phrase et la pensée. Une construction directe, monotone, languissante, succède aux inversions variées et rapides. Chaque jour nos expressions s'affaiblissent, s'usent par l'habitude de les lire et de les employer; nous ne pouvons rajeunir la langue, et Montaigne, maître d'un idiome encore neuf, l'enrichissait par ses conquêtes. Plus de créations ni d'indépendance! le langage donnait des ailes à la pensée; surchargée par lui maintenant, elle l'entraîne avec effort.

N'accusons pas légèrement de faiblesse et de stérilité la langue de nos chefs-d'œuvre (10). Celle de nos pères, en s'épurant, a perdu quelques avantages, et je crois qu'on pouvait acheter, par moins de sacrifices, ses beautés nouvelles. Mais quelle est la première qualité du langage? Le nôtre, pour obtenir la clarté qu'il offre aujourd'hui, dut adopter une construction plus directe et des formes moins elliptiques. En rejetant des tours pittoresques et négligés, le français reçut encore la noblesse et l'élégance, qualités si précieuses qu'elles distinguent la plupart des écrits dont les peuples civilisés s'honorent. Voilà nos avantages et nos conquêtes. Ah! sans doute, il est des tons faciles à Montaigne, presque impossibles à retrouver dans notre langue épurée. Toutefois, en est-il que n'aient obtenus d'elle Pascal, Fénelon, Bossuet et Jean-Jacques? La langue qu'ils parlèrent est celle qu'entendra la postérité; laissons discuter ses défauts, approprions-nous ses beautés. Sans prétendre qu'on ne puisse l'enrichir encore, repoussons ces novateurs imprudents qui la dégradent, la profanent et croient avoir l'esprit hardi parce qu'ils ont l'esprit faux. Ils dédaignent les leçons des grands écrivains des deux siècles derniers; récuseront-ils aussi l'opinion de Montaigne? C'est lui qui va leur enseigner à discerner la liberté de la licence, c'est lui qui va leur faire entendre les principes de la raison et du goût. *Le maniement des beaux esprits*, dit-il, *donne prix à la langue, non pas l'innovant... Ils n'y apportent point de mots, mais ils enrichissent les leurs, appesantissent et enfoncent leur signification et leur usage; lui apprennent des tours inaccoutumés, mais prudemment et ingénieusement; et combien peu cela soit donné à tous, il se void par tant d'escrivains françois de ce siècle. Ils sont assez hardis et desdaigneux pour ne suivre la route commune; mais faute d'invention et de discrétion les perd. Il ne s'y voit qu'une misérable affectation d'estrangeté, des déguisemens froids et absurdes, qui au lieu d'eslever abattent la matière.*

Sous quelque rapport qu'on observe Montaigne, on reconnaît qu'il était né pour faire jaillir la lumière du milieu des ténèbres. Dans un temps qui touchait à celui de la barbarie du langage, il créa le style qui peignit ses pensées; et, quelquefois, il devança les préceptes du goût (11). Tandis que ses contemporains se livraient aux subtilités pédantesques de l'argumentation scolastique, il donna de l'enjoûment à la raison, des grâces à la sagesse. A l'époque du plus violent fanatisme, il fit entendre la voix de la tolérance. Enfin, il sut ce que la plupart des hommes ignorent dans tous les siècles, il sut vivre ; et sa philosophie, tempérante au sein des voluptés, soutint l'épreuve de la douleur et des revers.

O Montaigne ! pardonne si je n'ai su mieux louer ton caractère que j'admire, et tes discours que, tant de fois, je t'ai fait répéter. Tu ne m'enseignas point à me parer d'une pompe élégante. Je ne songeais qu'à te peindre avec fidélité ; et je présente mon esquisse à des juges qui t'aiment, persuadé que dans le portrait d'un ami, on veut la ressemblance, plus qu'on ne cherche l'habileté du pinceau. Conduit par le zèle, je suis venu m'acquitter d'un tribut qui m'est cher ; et je retourne à nos entretiens. Je vois la retraite où tu m'attends, où tes discours me paraîtront nouveaux, où nous deviserons sur la sagesse et la folie. Que d'autres louent tes principes avec plus d'éloquence, moi j'aspire à les mettre en pratique. Redis-moi tous les charmes de l'insouciance et de la liberté, endors pour moi les vains desirs ; que j'apprenne de toi le secret de former la douce alliance de la modération et du plaisir ! Guide-moi, philosophe aimable! Heureux celui de tes disciples qui, satisfait de son indépendance, cultive en paix tes leçons, et pourra dire un jour comme toi : *Si j'avois à revivre, je revivrois ainsi que j'ai vescu* (12)!

FIN DE L'ÉLOGE DE MONTAIGNE.

NOTES.

(1) Michel Eyquem de Montaigne naquit le dernier jour de février 1533, au château de Montaigne, dans le Périgord; il mourut le 13 septembre 1592. Doit-on dire *Montaigne* ou *Montagne?* Beaucoup de personnes adoptent la seconde manière de prononcer; elles sont déterminées par l'analogie, on ne dit plus *Espaigne, campaigne,* etc. Je crois cependant que, pour un nom d'homme, il vaut mieux conserver l'ancienne prononciation. Tous les contemporains de notre philosophe l'appelaient *Montaigne.*

(2) Son père lui acheta une charge de conseiller à la cour des Aides, qui fut ensuite réunie au parlement de Bordeaux. Montaigne, aussitôt que les circonstances le lui permirent, prit le parti de la retraite. Un travail assujettissant et régulier était peu conforme à ses goûts, et souvent il devait être fatigué par des fonctions qui l'obligeaient à s'occuper de puériles chicanes et de tristes débats. Les *Essais* nous apprennent qu'il n'eut jamais de procès.

(3) Quand Socrate disait : *Je ne sais rien*, ces mots s'appliquaient seulement à nos sciences ambitieuses et futiles. En prenant pour devise : *Que sais-je ?* Montaigne ne prétendait pas mettre en doute qu'il eût étudié, appris et pratiqué la morale ou l'art de vivre.

Le passage suivant est un de ceux qui prouvent combien l'auteur des *Essais* était loin d'embrasser les exagérations du pyrrhonisme. « Clitomachus disait anciennement que
« Carneades avait surmonté les labeurs d'Hercule, pour
« avoir arraché des hommes le consentement, c'est-à-dire,
« l'opinion et la témérité de juger. Cette fantaisie de Car-
« neades si vigoureuse nasquit, à mon advis, de l'impu-
« dence de ceux qui font profession de savoir et de leur ou-
« trecuidance desmesurée... La fierté de ceux qui attribuaient
« à l'esprit humain la capacité de toutes choses causa en
« d'autres par despit et par esmulation cette opinion qu'il
« n'est capable d'aucune chose. Les uns tiennent en l'igno-
« rance cette mesme extrémité que les autres tiennent en
« la science. » (*Essais*, liv. III, chap. II.)

(4) Des personnes, qui prononcent bien légèrement sur Montaigne, prétendent que son pyrrhonisme est absolu et sa morale triste. Après avoir beaucoup lu les *Essais*, j'ai fait une observation que je crois propre à jeter du jour sur la philosophie de l'auteur. Les personnes dont je viens de parler ne peuvent guère tirer de preuves, en faveur de leur opinion, que du chapitre intitulé *Apologie de Raymon de Sebonde*. Ce chapitre diffère des autres par le fond des idées, non moins que par son extrême étendue. L'auteur me paraît l'avoir composé peu de temps après qu'il eut traduit la *Théologie naturelle de Sebonde;* et, par conséquent, avant de commencer les *Essais*. C'est un ouvrage à part. En effet, je

n'y reconnais point Montaigne. Il y professe une philosophie
triste, décourageante, lui, si bon, si enjoué, même en parlant des maladies et de la mort. Il porte le scepticisme à l'excès,
et prend le ton le plus dogmatique. Il se livre à des idées très-singulières, et j'en vois plusieurs qu'il a formellement contredites. Ainsi dans ce chapitre douzième du second Livre,
Pyrrhon est un sage; et dans le vingt-neuvième du même
Livre, Pyrrhon est un fou. Pour prendre une idée juste
de la philosophie des *Essais*, il faut lire tous les chapitres
avant celui de l'*Apologie de Sebonde*. En ne le lisant qu'après les autres, on sera frappé de l'étrange contraste qu'il
forme avec eux. Alors on reconnaîtra, je pense, que c'est un
premier écrit composé par Montaigne, à une époque où ses
opinions n'avaient rien d'arrêté, et qu'il a intercalé dans
son livre. Cette *Apologie*, qui ressemble souvent à une censure, causa beaucoup de sensation, dans un temps où les
esprits étaient fort occupés de théologie ; on la regarda
comme le plus important chapitre des *Essais*. Ce premier
jugement, répété de confiance, n'a pas permis d'apercevoir
plus tôt que l'*Apologie de Sebonde* est réellement un ouvrage
à part.

(5) On a contesté la bonne foi de Montaigne. Il prétend,
a-t-on dit, n'avoir pas de mémoire, et ses nombreuses citations donnent, à chaque page, la preuve du contraire. Pour
éclaircir cette difficulté, il suffit de jeter un coup d'œil sur
la première édition des *Essais* (1580). Les citations y sont
très-rares. La plupart de celles dont l'ouvrage est maintenant rempli ont été par conséquent ajoutées, à mesure que
l'auteur trouvait dans ses lectures quelques passages analogues à ses opinions.

(6) Les contradictions que présentent les *Essais* ne mé-

ritent pas de reproche : on peut le prouver par une observation très-simple. Lorsqu'un écrivain compose, il voit en même temps les différentes parties de son ouvrage ; il veut que le commencement, le milieu, la fin soient un tout formé d'idées qui s'enchainent. Les *Essais*, livre original, unique, devaient être composés d'une autre manière. L'auteur a pour but de se faire connaitre au lecteur. Il lui suffit que la sensation qu'il peint soit réellement celle qu'il éprouve à l'instant où il tient la plume. La bonne foi lui défend même d'effacer les idées jetées quelques années auparavant sur le papier. Montaigne ne corrigeait que son style. A peu près vingt ans s'écoulèrent tandis qu'il écrivait : le temps et la réflexion modifièrent plusieurs de ses opinions ; par exemple, il ne voit pas la mort des mêmes yeux dans le premier et dans le dernier livre. Loin que je songe à blâmer ses contradictions, apparentes ou réelles, je trouve un nouveau degré d'intérêt dans l'ouvrage qui, non-seulement peint Montaigne, mais encore le peint à différens âges.

(7) Notre philosophe était à Blois, pendant la tenue des fameux États : il voyait le roi de Navarre et le duc de Guise. M. de Thou, à qui il prédit une partie des événemens dont la France allait être témoin, donne à ce sujet des détails curieux. (*De vitâ suâ*. Lib. III.)

(8) Les pensées de Montaigne sur les révolutions sont pleines de vérité. Il a des observations justes, et quelquefois très-fines, sur la diplomatie. Il devança son siècle par ses vues sur la jurisprudence. Au seizième siècle, il énonça plusieurs opinions développées par Beccaria, dans le dix-huitième.

(9) Avant de composer les *Essais*, seul ouvrage sur le-

quel repose sa gloire, Montaigne avait traduit la *Théologie naturelle de Raymon Sebond* ou *de Sebonde*. L'auteur de ce livre veut prouver, par les seules lumières de la raison, tous les mystères du christianisme. Souvent les idées du théologien sont subtiles, obscures; et le style du philosophe n'était pas encore formé.

On a fait imprimer, sous le titre de *Voyages de Montaigne*, des notes qu'il avait écrites ou dictées à la hâte, en parcourant la France, la Suisse, l'Allemagne et l'Italie. Ces notes informes, qu'il n'eut jamais dessein de rendre publiques, peuvent offrir quelque intérêt, en contribuant à prouver la bonne foi qui dicta les *Essais*. Les deux ouvrages nous peignent le même homme. On voit l'épicurien Montaigne promener sa nonchalante curiosité; on le voit, pour goûter tous les plaisirs qu'un pays peut offrir, en adopter les usages, se nourrir, se coucher, se vêtir à la manière des étrangers qu'il visite. Son enthousiasme pour les grandes ombres romaines s'exalte à la vue des monuments antiques. En Italie, ainsi qu'en Gascogne, les médecins sont en butte à ses traits. Quelques lignes, pleines de sentiment, expriment les regrets que lui cause la mort de son ami : on croirait sa perte récente; dix-huit ans n'avaient pu fermer sa blessure.

Montaigne a mis des dédicaces en tête de plusieurs opuscules de La Boëtie : il y en a une à M. de Mesmes, dans laquelle on entrevoit déjà sa douce philosophie. Mais un morceau plus remarquable, c'est la lettre qu'il écrivit à son père, après avoir été témoin des derniers momens de La Boëtie : cette lettre touchante est un monument de pieuse amitié.

(10) On affecte trop de regretter les expressions que nous

avons perdues. Celles qui peignaient à l'esprit, qui flattaient l'oreille, et qui n'ont pas été remplacées, sont moins nombreuses qu'on ne veut nous le persuader. Aussi longtemps qu'une langue est vivante, l'usage lui fait perdre des mots ainsi qu'il lui en fait adopter. Les contemporains de Montaigne formaient déjà des plaintes semblables aux nôtres. Dans les *Dialogues du nouveau langage françois italianizé*, imprimés en 1583, un des interlocuteurs dit : « Je vois bien
« à regret un grand nombre de beaux mots que nous avons
« perdus, les uns simples, les autres composés ; n'étant au-
« cunement rudes, ains ayans un son fort doux, quant à la
« plus grand'part ; et le pis est que d'iceux il y en a qui
« nous sont fort nécessaires, pource qu'à faute d'eux nous
« demeurons cours quelquefois, aucuns n'ayans été mis en
« leur place. » (Page 135.)

(11) Nous reprochons à Montaigne d'avoir surchargé de citations son ouvrage ; écoutons-le : « J'ay donné à l'opinion
« publique que ces paremens empruntés m'accompagnent ;
« et si je m'en fusse creu, à tout hazard, j'eusse parlé tout
« fin seul..... Il ne faut que l'épistre liminaire d'un Alle-
« mand pour me farcir d'allégations. » (*Essais*, liv. III, chap. II.)

(12) Jusqu'au commencement de ce siècle, toutes les réimpressions des *Essais* ont été faites sur l'édition de 1595, ou sur celle de 1635, publiées l'une et l'autre par mademoiselle de Gournay. La seconde est la meilleure. Dans ces derniers temps, feu M. Naigeon annonça qu'un exemplaire corrigé de la main de Montaigne et déposé à la bibliothèque centrale de Bordeaux, offrait seul l'ouvrage tel que l'auteur avait eu le dessein de le laisser au public. Cet exemplaire

fut employé pour donner une édition stéréotype qui parut en 1802, et que beaucoup de personnes croient être la plus exacte. Elle me paraît inférieure à l'édition de 1635, et même à celle de 1595.

On sait que Montaigne laissa deux ou trois exemplaires raturés. Sa famille s'est-elle trompée sur la manière de remplir ses intentions ? Cela me semble difficile à croire, surtout en songeant que mademoiselle de Gournay a connu ces différens exemplaires, et qu'elle portait une vénération presque religieuse à la mémoire de Montaigne. Il n'est pas impossible cependant qu'une erreur ait été commise. Pour décider la question, il faut examiner, sous le rapport littéraire, les éditions de 1635 et de 1802. C'est aux hommes de lettres à comparer les phrases qui se trouvent différentes dans les deux éditions, et à juger quelle est la dernière version de l'auteur. Je ferai un petit nombre de rapprochemens.

Un peintre voulut représenter la douleur des personnages témoins du sacrifice d'Iphigénie, « selon les degrez de l'inte-
« rest que chascun apportoit à la mort de cette belle *fille* inno-
« cente. Ayant espuisé les derniers efforts de son art, quand ce
« veint au père de la *vierge*, il le peignit le visage couvert. »
(Édition de 1635, liv. I, chap. II.)

« . . . . selon les degrez de l'interest que chascun appor-
« toit à la mort de cette belle *fille* innocente. Ayant espuisé
« les derniers efforts de son art, quand ce veint au père de
« la *fille*, il le peignit le visage couvert. » (Édition de 1802.)

Comment l'auteur eût-il voulu substituer au mot *vierge* celui de *fille*, qui a moins d'élégance et qui produit une répétition qu'un écolier même éviterait ? M. Naigeon aurait pu répondre qu'il existe un exemplaire des *Essais* sur lequel Montaigne a effacé le mot *vierge* pour y substituer l'autre. Mais un auteur occupé de la correction d'un ouvrage fait quelquefois des changemens défectueux ; et s'il laisse plusieurs exemplaires raturés, on a besoin de savoir quel est celui qu'il préférait, ou de suppléer à son silence par une saine critique.

Montaigne termine une espèce de dialogue fort animé par ces interrogations : « Avez-vous sceu composer vos mœurs ? « vous avez bien plus faict que celuy qui a composé un li- « vre. Avez-vous sceu prendre du repos ? vous avez plus « faict que celuy qui a pris des empires et des villes. » (Liv. III, chap. xiii, édition de 1635.) Dans l'édition de 1802, le dialogue se termine froidement par ces mots : « Composer « vos mœurs est votre office, non pas composer des livres ; « et gaigner, non pas des batailles et provinces, mais l'ordre « et la tranquillité de vostre conduicte. » Jamais un écrivain, si ce n'est par une erreur qu'il reconnaît bientôt, ne fait disparaître ainsi une figure vive de la fin d'un morceau qui doit être animé.

Je pourrais faire un grand nombre de rapprochemens semblables aux précédens ; mais je crains de prolonger cette note.

M. Naigeon, en indiquant les changemens que renferme son édition, prend celle de 1595 pour point de comparaison. Il donne ainsi, comme de véritables découvertes, plusieurs corrections qui se trouvaient déjà dans la dernière édition de mademoiselle de Gournay. Par exemple, il met à la préface de Montaigne plusieurs notes pour indiquer des mots qui ne sont pas les mêmes que dans l'édition de 1595 ; mais, à l'exception d'un seul mot, la préface qu'il a fait imprimer est conforme à celle de 1635.

Si M. Naigeon eût pris pour point de comparaison l'édition de 1635, la sienne aurait encore le grand inconvénient d'obliger le lecteur à consulter les notes pour avoir le texte pur; mais du moins le livre renfermerait exactement les *Essais*. Il n'en est pas ainsi, puisque les variantes ne sont tirées que de l'édition de 1595, et qu'il en existe une meilleure. Je me bornerai à citer l'exemple suivant. Montaigne (éditions de 1595 et de 1802) termine ainsi sa description de la prise de Thèbes : « Nul ne fut veu *si abbattu de bleceures* « qui n'esseyast en son dernier soupir de se venger encores; « et à tout les armes du désespoir, consoler sa mort en la « mort de quelque ennemy. Si ne trouva l'affliction de leur « vertu aucune pitié, et ne suffit la longueur d'un jour à « assouvir sa vengeance : dura ce carnage jusques à la der- « nière goutte de sang *qui se trouva* espandable, et ne s'ar- « rêta qu'aux personnes désarmées, vieillards, femmes et « enfants, pour en tirer trente mille esclaves. » (Liv. I, chap. I.)

On voit, par l'édition de 1635, que Montaigne a voulu rendre ce morceau encore plus animé, plus rapide. Il a effacé les mots qu'on vient de lire en lettres italiques. Ces différences ne sont pas fort importantes ; mais c'est souvent par de légers détails qu'une édition est plus correcte qu'une autre.

Lorsqu'on réimprime les *Essais*, il faut suivre l'édition de 1635. Celle de 1802 peut fournir des variantes, et mérite aussi d'être consultée sous un autre rapport. La ponctuation rend obscurs plusieurs passages de Montaigne. M. François-Ambroise Didot l'aîné, qui a donné beaucoup de soins à l'édition de 1802, s'est occupé d'éclaircir ces passages, par une nouvelle manière de les ponctuer.

FIN DES NOTES.

LISTE DES OUVRAGES

DE

JOSEPH DROZ.

1797. *Éloge du général Hoche.* Besançon, an V.

1798. *Discours sur les avantages de l'enseignement actuel comparé avec l'ancien,* prononcé à l'École Centrale du département du Doubs, pour l'ouverture des concours publics, le 30 thermidor an VI, par le citoyen Droz, professeur de belles-lettres. Besançon, imprimerie de Briot, an VI.

1799. *Essai sur l'art oratoire,* par le citoyen Droz, professeur de belles-lettres à l'École centrale du département du Doubs. 1 vol. in-8. Paris, Merlin et Fayolle. Fructidor an VII.

Discours prononcé à la fête de la jeunesse, par le citoyen Droz, à Besançon, le 10 germinal an VII, imprimé par ordre de l'administration municipale. Besançon, imprimerie de Daclin, an VII.

1800. *Plans d'enseignement suivis par les professeurs à l'École centrale du département du Doubs,* précédés d'un discours sur les améliorations faites à l'instruction dans cette école. Besançon, imprimerie de Briot, an IX.

(Le *discours* prononcé le 10 brumaire an IX, et le *plan du cours de belles-lettres* sont signés par J. Droz, professeur de ce cours.)

1801. *Des lois relatives aux progrès de l'industrie, ou observations sur les maîtrises, les règlemens, les priviléges et les prohibitions.* Brochure in-8. Paris, chez Laran, an IX.

Discours sur le droit public, prononcé à l'École centrale du Doubs, le 10 frimaire an X, par Joseph Droz, professeur de belles-lettres. Imprimé par l'ordre du citoyen Jean Debry, préfet du département du Doubs. Besançon, Daclin, an X.

1805. *Lina, ou les enfans du ministre Albert*, première édition. 3 vol. in-12, deuxième édition, 1 vol. in-8. Paris, Fain et Cie, 1805.

1806. *Essai sur l'art d'être heureux*, 1 vol. in-18 et in-8. Paris, Renouard, 1806. Sixième édition suivie de l'*Éloge de Montaigne*, in-18, 1828.

Traduction espagnole sur la troisième édition, in-18. Paris, J. Smith, 1824.

Traduction allemande, avec préface et notes d'Auguste Blumroder, in-18. Ilmenau, 1826.

Traduction portugaise par le docteur de Deos e Silva, sur la sixième édition, in-18. Rio de Janeiro, 1835.

Même traduction, deuxième édition revue et corrigée, Rio de Janeiro. Typographie nationale, 1837.

Traduction polonaise, de M. W., in-12. Cracovie, 1840.

(Il existe plusieurs autres traductions de l'Essai sur l'art d'être heureux, qu'on n'a pu se procurer.)

1811. *Éloge de Montaigne*, couronné par l'Institut, F. Didot, 1811.

1815. *Études sur le beau dans les arts*, première édition, in-8°. Paris, Renouard, 1815. Deuxième édition. Paris, Renouard, 1826.

1821. *Notice sur Michel de l'Hospital*, publiée dans la Galerie Française. Paris, F. Didot, 1821.

1822. *Mémoires de Jacques Fauvel*, publiés par Joseph Droz et L.-B. Picard. 4 vol. in-12. Paris, Renouard, 1822.

1823. *De la philosophie morale, ou des différens systèmes sur la science de la vie*. Première édition, 1 vol. in-8. Paris, Renouard, 1823.

Cinquième édition, 1 vol in-18. Paris, Renouard, 1843.

Traduction espagnole, 1 vol. in-18. Paris, J. Smith, 1824.

Traduction portugaise, du docteur de Deos e Silva, 1 vol. in-18. Rio de Janeiro, typographie nationale, 1835.

(Il existe plusieurs autres traductions qu'on n'a pas sous les yeux.)

1824. *Discours de réception à l'Académie française*. Paris, Renouard, 1824.

1825. *Applications de la morale à la politique*, 1 vol. in-8. Paris, Renouard, 1825.

Traduction italienne de S. C. Acad. Valdarnese, in-8. Florence, 1826.

Traduction espagnole, in-12. Paris, Smith, 1826.

Traduction allemande, avec préface et notes d'Auguste Von Blumroder, in-18. Ilmenau, 1827.

Traduction portugaise, du docteur de Deos e Silva, in-18. Rio de Janeiro, 1833. Typographie nationale.

1826. *OEuvres de Joseph Droz*, de l'Académie française, 2 vol. in-8, avec portrait. Paris, Renouard, 1826.

1829. *Économie politique, ou Principes de la science des richesses*, 1 vol. in-8. Paris, Renouard, 1829; forme le troisième volume des œuvres.

Deuxième édition revue et augmentée, in-8 et in-12, 1846.

Traduction allemande, avec introduction, de Keller, in-8. Berlin, 1830.

Traduction russe de Korfs, in-12. Saint-Pétersbourg, 1832.

(Les chapitres des *impôts* et de *l'emprunt* ont été supprimés.)

Traduction grecque, dédiée au roi Othon, avec préface et additions, de Polyzaïdas, in-8. Nauplie, 1833.

Traduction italienne, pour l'usage des auditeurs du professeur Ruggiero, in-18. Naples, 1834.

Traduction espagnole, avec introduction, de don Manuel Colmeiro, docteur en droit, professeur à l'Université de Santiago, in-18. Madrid, 1842.

(Il existe plusieurs autres traductions de cet ouvrage.)

1829. *Réponse au discours de réception de M. Étienne*. F. Didot, 1829.

1839. *Histoire du règne de Louis XVI, pendant les années où l'on pouvait prévenir ou diriger la Révolution française*, 2 vol. in-8. Paris, Renouard, 1839.

Troisième volume: *Appendice, Mirabeau et l'Assemblée constituante*, 1842.

Traduction allemande, avec préface, de Heinrich Luden, 3 vol. in-8. Jéna, 1842-43.

1843. *Pensées sur le christianisme, preuves de sa vérité*, 1 vol in-18 et in-12. Paris, Renouard, 1843.

Quatrième édition stéréotype, 1845.

Traduction italienne, in-18. Rome, 1845.

Traduction espagnole de don Juan Calderon, in-12. Madrid et Lima, 1845.

(D'autres traductions ont été faites.)

1848. *Aveux d'un philosophe chrétien*, 1 vol. in-18. Paris, Renouard, 1848.

Deuxième édition 1849, in-8 et in-12.

M. Droz a écrit dans plusieurs recueils périodiques, notamment, en 1806, la partie littéraire des *annales des sciences, de la littérature et des arts*;

En 1814, 1815 et 1816, dans le *journal général de France*, articles de critique littéraire, signés: R. M., feuilletons de théâtre, signés le *Vieil amateur*, et quelques articles de politique générale, notamment une lettre au sujet des élections qui suivirent l'ordonnance du 5 septembre 1816;

En 1818, dans le *Spectateur politique et littéraire*, articles de littérature, de philosophie, d'histoire et d'économie politique.

FIN DE LA LISTE DES OUVRAGES DE JOSEPH DROZ.

TABLE.

Avertissement	1
Notice historique sur la vie et les travaux de M. Droz, par M. Mignet	5
Fragmens d'une préface destinée à la présente édition	55
Préface de la sixième édition	69
Essai sur l'art d'être heureux	75
Chap. I. Vues générales	Ibid.
Chap. II. Des desirs	90
Chap. III. De la tranquillité d'âme	101
Chap. IV. Du malheur	110
Chap. V. De l'indépendance	122
Chap. VI. De la santé	132
Chap. VII. De l'aisance	148
Chap. VIII. De l'opinion et de l'affection des hommes	158
Chap. IX. Du sentiment que les hommes doivent inspirer	165
Chap. X. De quelques vertus	175
Chap. XI. Du mariage	188

Chap. XII. Des enfans............................... 201
Chap. XIII. De l'amitié............................ 210
Chap. XIV. Des plaisirs des sens................... 218
Chap. XV. Des plaisirs du cœur..................... 225
Chap. XVI. Des plaisirs de l'esprit................ 234
Chap. XVII. Des plaisirs de l'imagination.......... 242
Chap. XVIII. De la mélancolie...................... 248
Chap. XIX. Des sentimens religieux................. 256
Chap. XX. De la rapidité de la vie................. 269
Chap. XXI. De la mort.............................. 278
Chap. XXII. Conclusion............................. 287
Éloge de Montaigne................................. 295
Notes.. 331
Liste des ouvrages de J. Droz...................... 341

FIN.

LIBRAIRIE DE JULES RENOUARD ET Cⁱᵉ, RUE DE TOURNON, 6.

PENSÉES
SUR
LE CHRISTIANISME
PREUVES DE SA VÉRITÉ
PAR
J. DROZ (†).

« *Je voudrais dissiper l'erreur de ceux qui sup-*
« *posent que la* RELIGION NATURELLE *suffit pour nous*
« *guider, et qui croiraient s'abaisser en s'élevant*
« *au christianisme.* » Telle est l'espérance qui a
dicté ces pensées; combattre une doctrine, que quelques génies abusés ont douée d'un certain prestige,
et qui séduit tant de jeunes intelligences, sans doute
parce qu'elle flatte leur orgueil; ramener insensiblement des âmes qui, parties d'un faux principe, ne
peuvent que s'égarer davantage; leur montrer la vérité; c'est-à-dire le bonheur! — N'était-ce pas là
plus qu'une noble tâche, plus qu'une bonne œuvre?
— Une sainte inspiration.

(1) Paris, Jules Renouard et Cⁱᵉ, un volume in-18. Prix: 50 c.
In-12, 1 fr. 50 c. Petit in-8°, édition de luxe, texte encadré, avec
gravure, 5 fr.; relié, 5 fr.

« *La raison est un pâle flambeau ; mais Dieu nous l'a donné, et nous devons placer la main de manière à garantir sa flamme vacillante.* » Aussi c'est à cette raison que l'auteur s'adresse ; il la guide à travers une suite de pensées, graves comme les pensées du sage, éclairées par l'expérience, comme les pensées du chef de famille ; douces, pures et consolantes, comme celles du vrai chrétien ; — et, grâce à lui, la faible lueur, grandissant insensiblement, devient bientôt, pour tous, une lumineuse clarté, pour quelques-uns, peut-être, un phare de salut.

Sans vouloir imposer, il persuade ; — il ne dit point : Faites! mais, voyez et jugez! — Avec lui, la raison sonde l'insuffisance du déisme suggérant parfois des principes sages, mais vagues toujours, mais susceptibles d'être modifiés par mille passions, mais variant comme varient toutes choses humaines ; et la raison rejette, la première, une doctrine qui ne lui offre point la stabilité dont elle pressent le besoin! — Ce mystère qu'elle repousse dans le christianisme, l'auteur le lui montre poursuivant l'homme, non-seulement dans l'étude des sciences, mais encore dans l'horizon le plus restreint! — Alors, c'est elle-même qui s'écrie : « *Puisque le mystère est le sceau que Dieu imprime à toutes ses œuvres, si la religion était sans mystère, il faudrait par cela seul juger qu'elle n'est pas divine.* »

Bientôt la raison sent la nécessité des dogmes et leur heureuse influence; elle comprend le lien si intime et pourtant si méconnu qui existe entre eux et la pratique de la morale; entre la croyance au mystère de la Rédemption et une vie toute de charité par exemple! Mais l'auteur ne se contente pas de l'avoir subjuguée par des paroles attendries et convaincues. « *Une prévention favorable résulte des preuves de sentiment; mais, dans un sujet si grave, une pleine conviction est nécessaire. Il faut donc des preuves positives que le christianisme n'est point une invention du génie de l'homme et qu'il vient de Dieu même!* » Ces preuves, elles sortent éclatantes de quelques pensées sérieuses et éloquentes, où les spécieuses allégations des prétendus philosophes se trouvent victorieusement réfutées. — La divinité de notre Seigneur Jésus-Christ est prouvée; la raison l'admet. — L'auteur des Pensées demande alors cette foi, qui, bien différente de la simple croyance, enfante seule des martyrs; « *cette foi du charbonnier, qui répand sur la terre plus de consolations, de vertus, et même de lumières qu'il n'en sort de plusieurs traités volumineux et de leurs commentaires.* »

Le guide avance encore, et cette religion accusée de *tristesse*, la raison l'entrevoit pleine d'amour et de consolations. Ce n'est plus ce stoïcisme né de l'orgueil, ce stoïcisme qui répugnait à l'*humaine nature*;

c'est le Sauveur du monde pleurant au jardin des Oliviers, et mourant — en pardonnant à ses bourreaux ; c'est cette pensée de *Dieu partout;* cette confiance dans « *ce que voudra notre Père;* » c'est « *ce bon-*
« *heur, récompense de la vertu, ce bonheur vrai, le*
« *seul qu'il convenait au Dieu de vérité d'offrir à*
« *l'homme;* » c'est cette communion de fidèles, qui permet à l'affligé de se dire : « *Ma mère prie pour*
« *moi dans le ciel, et, si la clémence divine peut*
« *m'y admettre un jour, j'y prierai pour mes en-*
« *fans.* » — Résistant encore si la raison allègue, comme tant d'autres, l'intolérance du christianisme, c'est à Bourdaloue, à Fénelon, à Frayssinous que l'auteur demandera les paroles les plus consolantes et les plus persuasives.

Plus loin, elle convient de la nécessité des pratiques, car « *nos lumières ne transformeront pas*
« *l'homme en un pur esprit; et notre âme, enve-*
« *loppée par les sens, a besoin que le culte exté-*
« *rieur alimente le culte intérieur.* » Elle reconnaît l'utilité sociale du christianisme, qui seul peut répondre à « *ce cri, que font retentir une multi-*
« *tude de voix, non-seulement en France, mais dans*
« *les deux hémisphères : Améliorer le sort des hom-*
mes. » Elle revient plusieurs fois aux sages et profondes pensées, qui empruntent aux besoins et aux souffrances de notre époque un intérêt si particulier ; elle médite sur cette idée si vraie : « *nos écoles of-*

« *frent moins d'éducation que d'instruction.* »
Et, après s'être intéressée à cette société morave, qui n'a rien *innové* et qui ne doit ce qu'elle renferme de bon et d'utile qu'à l'observation de deux principes empruntés au catholicisme : la foi en Jésus-Christ et la pratique de ses maximes ; cette raison s'arrête sur ces mots : « *Il y a pour longtemps en-*
« *core à propager, à perfectionner ; mais une éter-*
« *nelle loi ne permet d'obtenir qu'avec lenteur les*
« *réformes salutaires. Persévérez, amis du bien .*
« *il y a de l'impiété dans le découragement !* »

Vient ensuite la partie de l'ouvrage consacrée au clergé. — Tour à tour s'évanouissent ces préjugés répandus contre les prêtres; ces hommes qui, tout entiers à leur mission sublime, ne doivent point, selon le vœu de M. Droz, se « *rapetisser à notre poli-*
« *tique.* » Elle « *nous fait citoyens de tel coin de*
« *terre* » tandis que « *la religion les rend citoyens*
« *dans toutes les parties du globe.* »

Quelques conseils terminent l'œuvre des *Pensées*. Empreints d'une sage indulgence, et dictés par l'expérience, ils sont destinés à faire aimer partout le chrétien, « *l'homme le plus sociable, car il est le*
« *moins exigeant et le plus dévoué !* »

C'est ainsi que, par une chaîne de réflexions, l'auteur espère amener son lecteur sinon à la *foi*, du moins au désir d'examiner une doctrine qu'il repousse, peut-être sans la connaître. — C'est un tout petit livre ; quelques pages seulement ! mais nul in-folio ne renferme plus de bonnes et utiles paroles. — C'est le grain de sénevé, que Dieu destine peut-être à produire l'arbre qui étendra le paisible ombrage de la foi sur celui qui doutait et s'égarait !

Séparées, prises au hasard, ces pensées offrent encore un attrait invincible ; — le doivent-elles à l'élévation des sentiments, au charme de l'expression, à la gravité touchante du sujet, à l'esprit de conciliation et de paix, qui a su éviter toute polémique, persuader sans jamais aigrir, et atteindre le but sans le dépasser ? — Pourquoi pas à tous ces avantages réunis ?

L'une de ces pensées, fraîche, gracieuse, comme un pieux souvenir de jeunesse, et que nul ne lira sans attendrissement, se termine par ces paroles : « *Croix
« du Rédempteur, bénie soit la main qui t'élève
« partout où peut passer un affligé !* »

Plus d'une âme reconnaissante, tournant la dernière page de ce livre, dira sans doute à son tour : Béni soit celui qui, songeant qu' « *on a beaucoup ob-
« tenu pour réunir les esprits quand on a rappro-
« ché les cœurs,* » vous a dictées, pensées suaves et chrétiennes, destinées à ramener la foi chez des frères égarés, et à préparer « *cette réunion qui fera tres-
« saillir de joie le ciel et la terre !* »

X.

LIBRAIRIE DE JULES RENOUARD ET Cie, RUE DE TOURNON, 6.

AVEUX
D'UN
PHILOSOPHE CHRÉTIEN

PAR

JOSEPH DROZ

De l'Académie française et de l'Académie des Sciences morales
et politiques (1).

« Il y a peu de catholiques en France qui n'aient lu les *Pensées sur le Christianisme*, ce petit livre tout *fénelonien*, dont le succès ne sera ni moins grand, ni moins mérité que celui des opuscules de Pellico et de Manzoni. Le vénérable auteur vient de compléter son œuvre par un nouvel écrit dont le charme paisible agit sur l'âme du lecteur avec une force étrange et profonde. Il y a renfermé, en quelques pages pleines de lumière, « les dernières « observations d'un vieillard qui se reporte vers les jours de sa jeu- « nesse pour en expier les fautes. » Les fautes que M. Droz avoue sont celles de son esprit. Cette droite et noble nature en pouvait-elle commettre d'autres? Il raconte le combat qui s'est long-temps livré entre sa raison imbue de fausse science et son cœur tourmenté du noble besoin de la vérité. Il voulait être heureux et sage sans Dieu, et il semblait que la Providence lui eût tout donné pour résoudre le problème : un esprit cultivé, une conscience sévère, l'amour naturel de tout ce qui est juste et bon, une fortune indépendante, une grande félicité domestique, des relations de famille et de société parfaites ; et cependant il sentait que tout cela ne pouvait suffire au bonheur ni à la vertu d'un seul homme.

« Deux vérités m'étaient bien démontrées : l'une, c'est que la mo« rale serait un vain jeu de l'esprit, si l'on ne pouvait en imprégner

(1) Paris, J. Renouard et Ce, 1 vol. in-18. Prix : 75 c.—In-12 : 1 fr. 50.

« les âmes; l'autre, c'est que, pour améliorer le sort des hommes, « il faut produire une amélioration en eux-mêmes. » Mais comment produire cette amélioration quand, toute religion révélée étant jugée absurde, il ne reste, pour améliorer les hommes, que la philosophie? M. Droz était philosophe; il avait longuement examiné, aux lumières de la conscience impartiale, tous les systèmes mis en avant, depuis qu'il y a des écoles de sagesse; il savait ce que vaut la philosophie. « Ces deux idées, *la philosophie est impuissante, la « religion est fausse,* m'étaient sans cesse présentes et portaient le « découragement jusqu'au fond de mon âme: j'essayai de ne plus « penser... » *J'essayai de ne plus penser !* Voilà le dernier mot de l'incrédulité honnête et sincère. M. Droz ne pouvait s'y tenir. Il chercha de nouveau. Il avait déjà reconnu la supériorité de puissance que le christianisme, tout faux qu'il le croyait, a néanmoins sur la philosophie pour diriger les hommes. Il voulut pénétrer les causes de cette supériorité, et se promit de porter dans cet examen une entière bonne foi, une complète impartialité. Nous n'avons pas besoin de le suivre davantage. Cherchant avec cette probité parfaite, il devait trouver, il a trouvé. Le voyage, toutefois, fut assez long. L'esprit le plus sincère ne laisse pas d'avoir beaucoup de replis et de détours, lorsqu'il s'agit pour lui d'échapper au joug divin. En vain il désire la paix et il aime la lumière. Dans son trouble, dans ses ténèbres, il jouit avec amertume de son orgueil, et il hésite à l'abaisser. M. Droz nous fait assister à ce combat, il en décrit les péripéties avec une candeur pleine d'attrait. Nous connaissons peu de lectures plus aimables et qui apportent à la pensée de plus solides aliments. Nous la recommandons à ceux qui croient et surtout à ceux qui prêchent. Qu'ils donnent avec confiance ce livre à tous ceux qu'ils essayent de conduire vers la vérité. Aucun esprit juste, aucune âme un peu bien douée, ne le recevront sans plaisir et sans profit. Nous ne parlons pas du style, c'est la perfection du genre dans sa clarté exquise et dans son exquise simplicité. Quelle bonne action qu'un tel livre, et combien doivent remercier Dieu ceux qui, après avoir obtenu le périlleux honneur des palmes littéraires, peuvent ainsi prendre congé des hommes et de la vie! »

(*Univers,* 16 novembre 1848.)

PARIS. — IMP. SIMON RAÇON ET COMP., RUE D'ERFURTH, 1.

www.ingramcontent.com/pod-product-compliance
Lightning Source LLC
Chambersburg PA
CBHW070856170426
43202CB00012B/2100